Research on the Development Countermeasures of Hebei Province Taking Advantages from Beijing and Tianjin Based on the Collaborative Perspective

协同视角下河北省
借力京津发展对策研究

连季婷 /著

中国财经出版传媒集团
经济科学出版社
Economic Science Press

图书在版编目（CIP）数据

协同视角下河北省借力京津发展对策研究/连季婷著．
—北京：经济科学出版社，2017.9
ISBN 978-7-5141-7414-4

Ⅰ.①协… Ⅱ.①连… Ⅲ.①区域经济发展-研究-河北 Ⅳ.①F127.22

中国版本图书馆 CIP 数据核字（2016）第 261617 号

责任编辑：周国强
责任校对：刘　昕
责任印制：邱　天

协同视角下河北省借力京津发展对策研究

连季婷　著

经济科学出版社出版、发行　新华书店经销
社址：北京市海淀区阜成路甲 28 号　邮编：100142
总编部电话：010-88191217　发行部电话：010-88191522
网址：www.esp.com.cn
电子邮件：esp@esp.com.cn
天猫网店：经济科学出版社旗舰店
网址：http://jjkxcbs.tmall.com
北京密兴印刷有限公司印装
710×1000　16 开　12.5 印张　230000 字
2017 年 9 月第 1 版　2017 年 9 月第 1 次印刷
ISBN 978-7-5141-7414-4　定价：58.00 元
（图书出现印装问题，本社负责调换。电话：010-88191510）
（版权所有　侵权必究　举报电话：010-88191586
电子邮箱：dbts@esp.com.cn）

本专著得到河北地质大学 2017 年度博士科研启动基金项目（BQ2017057）资助，是该基金项目的研究成果。

序

  中国的区域经济空间分布大体分为长三角、珠三角、环渤海、东北部、西部、中部等，其中，长三角、珠三角、环渤海经济区是整个中国区域经济的三大增长极。相比较而言，长三角、珠三角两大增长极发展势头强劲，环渤海区域增长乏力，京津冀区域地处环渤海经济区。近年来，京津冀区域内部发展差异较大，成为环渤海经济区发展的"瓶颈"之一，因此，研究京津冀区域发展问题，最重要的在于解决京津冀三地如何缩小差距、协同发展。

  从国家层面上，2014年底京津冀协同发展已上升为国家发展战略；从理论层面上，京津冀大城市化区域的协同性发展，目前成为我国区域经济学界研究的热点。对京津冀区域而言，重要而现实的问题是，一方面河北省与北京、天津两大城市的差距很大；另一方面京津的"城市病"问题凸显。从地域空间、历史文化来讲，京津冀三地是你中有我、我中有你的不可分割关系，任何单个区域的发展都离不开另外两个经济主体，尤其是在北京的"大城市病"日趋突出的现在。因此，京津冀区域要发展，一个重要问题就是将三地发展放在"一盘棋"上。河北省作为连接北京和天津的关键性区域，明显受到京津两市的影响，如何借力京津两大城市的影响，如何抓住北京疏解非首都城市功能的机遇，逐步和京津形成良性互动，来促进河北省区域经济发展，进而实现北京、天津和河北的高效联动及协同发展，应当是河北省在京津冀协同发展下的区域经济发展的重大战略问题。

  基于这一目标，本研究在梳理基本理论和前人文献的基础上，回顾了河北省与京津关系的历史演化，分别从河北—京津的经济梯度、产业梯度和城镇层级角度分析了河北-京津区域经济发展差异及原因，并通过建立依存于京津冀协同发展的河北省区域经济模型的实证分析，分析京津对河北各城市经济增长效应具有较大差别，从产业发展、城镇空间结构优化等方面提出京津冀协同发展中河北省区域经济发展策略。本研究通过实证分析京津对河北各城市经济增长效应具有较大差别，旨在对重建河北省空间经济结构进行新性研究，包括对中心-外围区域发展互动理论的开拓创新、京津对河北省各城市有效经济增长效应的区域经济实践理论创新，以及区域经济协同发展的策略思想创新。

  本研究在京津冀协同发展过程中，河北省如何在协同发展搭建的三地平等的平台上，借力京津对河北的影响，借力北京向周边腹地疏解非首都功能的机会，来解决其在京津冀区域发展水平差、效益不突出等实际问题，进而探讨京津冀区域中的河北省如何做到真正和京津协同发展，分析如何将京津冀地区建设成为名副其实的国家第三增长极，这无疑具有重要的现实意义和深远的历史影响。

  作为导师，我为连季婷博士撰写的《协同视角下河北省借力京津发展对策研究》专著的出版感到欣慰，也预祝连季婷博士再接再厉，在区域经济理论研究方面多出成果，为区域经济发展研究多做贡献。

王雅莉
2017年4月于大连黑石礁

前　言

　　京津冀大城市化区域的协同性发展，目前成为我国区域经济学界研究的一个热点。对于河北省来说，在京津冀协同发展中，如何形成全省不同层次的中心与外围紧密联系的高效率梯度和反梯度发展模式、重建河北省区域空间经济结构，是颇为紧迫的发展问题。依据这一研究目标，本书在梳理基本理论和前人文献的基础上，回顾了河北省与京津关系的历史演化，分别从河北—京津的经济梯度、产业梯度和城镇层级角度分析了河北—京津区域经济发展差异及原因，并通过依存于京津冀协同发展的河北省区域经济模型的实证分析，推出京津冀协同发展中河北省区域经济发展策略。

　　区域经济发展研究的一个重要内容，是区域经济发展空间结构的合理化问题。河北省围绕京津的特殊地理位置，决定了其与京津经济互动的特殊经济关系。本研究从这一客观现实出发，运用中心—外围理论研究河北省与京津的梯度差和经济互动，并通过建设"次中心"与"次外围"的互动关系来改善大"外围"的空间经济结构，使其与大"中心"形成高质量的协同发展关系，这在国内的研究中尚不多见。本研究通过实证分析得到京津对河北各城市经济增长效应具有较大差别，旨在对重建河北省空间经济结构进行新性研究，包括对中心-外围区域发展互动理论的开拓创新、京津对河北省各城市有效经济增长效应的区域经济实践理论创新，以及区域经济协同发展的策略思想创新。

　　区域空间经济结构一般是由"点"和"网"构成，"点"是指经济集聚点，表现为城市和城镇，"网"是指联系性系统，包括基础设施网、服务网、市场交易网、产业连锁网、商贸服务网、社会保障网等。"点"和"网"的关系不同，所构成的空间经济结构就不同。京津冀之间既有相互独立的经济结构成分，也有相互补足的经济结构成分。京津的一般共性城市功能，是与河北广大城镇集聚点腹地构成产业连锁、经济网络的紧密联系，其特性城市功能是对河北省具有经济影响力。河北省近京津地方的发展必然会以京津为极点和磁力点发展，会在更大程度上接受京津转出产业，从而形成和京津十分紧密的各种网络关系；远京津的地方在借力与京津主通道的同时，会充分利用本地资源发展，从而会在河北省域内出现三到五个同构性的次经济中心城市。这些次中心内部各种网络关系极其紧密，而各次中心之间的网络关系可能薄弱，从而形成相对独立的社会经济系统。这样，整个京津冀地区就会出现比较独特的多层次中心—外围的空间经济结构。与一般中心—外围理论阐述的外围边缘化不同，这里的外围无论是对京津中心还是对河北省的次中心，都会逐渐被吸引到整个系统的发展中，而不会被边缘化。

本书在研究河北—京津的经济发梯度、产业梯度、城镇层级等现状的基础上，得出京津对河北省具有一定的经济影响力，并运用扩展的柯布—道格拉斯函数模型实证分析京津对河北省的有效辐射弹性，从而检验京津对河北省的经济增长效应，并提出了河北省更好融入与京津协同发展的经济策略，得到如下结论：

京津冀十三个经济主体呈现不同的经济梯度分布：北京和天津分别位列高梯度区；石家庄和唐山位列中梯度区；廊坊、秦皇岛、保定、邯郸、沧州、张家口、邢台位列较低梯度区；承德、衡水位列低梯度区。京津冀区域经济发展梯度在空间上具有一定的表现特征，第三产业特别是新兴服务业发展水平高、工业发展水平高、交通干线发达的经济主体综合实力评价值高，河北省省域的沿海和省会城市综合实力评价值居于中间，河北省省域陆域和山区综合实力评价值相对低。

京津对河北省的经济影响存在产业差异，北京主要影响其第三产业，天津主要影响其第二产业。从产业梯度来看，北京市具有发展优势的第三产业，是除批发和零售业之外的 11 个行业，与借力北京经济辐射的增长效应相结合，北京的上述产业较多向唐山、秦皇岛、邯郸、邢台、保定、承德、沧州、廊坊、衡水等城市转移，结果是能够促进这些城市的经济增长。天津的发展优势产业，重点集中在煤炭开采和洗选业、一般制造业等第二产业，与借力天津经济辐射的增长效应相结合，河北的秦皇岛、邢台、承德、沧州、廊坊等城市应率先考虑承接天津相应产业转移，以形成最佳产业链条的空间结构。

京津对河北省的经济影响和河北省的自身特点，决定了河北省各地区借力京津与省内互动发展的城市功能定位和产业分工。从城镇梯度来看，石家庄、唐山、保定、邯郸等四个城市是河北省的中心城市，其余七个设区城市可以作为河北省的次中心城市。因此，唐山、保定和邯郸应更为积极地主动接受京津的辐射，与京津实施经济互动；秦皇岛、邢台、承德、沧州、廊坊、衡水作为经济辐射的正向增长效应城市，一方面要积极争取京津两个域外城市的经济辐射，另一方面还应积极争取省域内石家庄、唐山、保定、邯郸等四个中心城市的经济辐射，与其形成高密度的经济互动。

京津冀协同发展中，北京和天津对河北省有经济辐射力，且这种经济辐射力对河北省的经济影响能够切实推进河北省经济增长，但对河北省各城市经济增长影响的效应不同，且京津对河北省的经济影响程度与河北省城市经济梯度呈现正向分布。北京对唐山、秦皇岛、邯郸、邢台、保定、承德、沧州、廊坊和衡水等九个城市的有效经济辐射力弹性全部为正值，这说明这些城市在接受北京经济辐射的过程中能够切实提升自身的经济增长。天津对河北省秦皇岛、邢台、承德、沧州、廊坊等五个城市经济增长的有效经济辐射力弹性较为显著，这说明天津对这五个城市的经济影响也能够提升自身的经济增长。和河北省城市综合实力结论相结合，认为河北省城市综合实力排名前列的唐山、廊坊、秦皇岛、保定、邯郸在京津有效辐射力作用下，经济增长效果明显；城市综合实力排名最后两位的邢台和衡水，其经济发展正效应也最小，这说明城市综合实力是影响河北省接受京津辐射力效果的重要因素。具体到城市综合实力因子得分，发现京津对城市承载力、环境、工业发展能力较强的城市的有效辐射力的增长效应更强。

可见，在京津冀协同发展的进程中，京津对河北省各城市的经济影响是一个具有多层次、复杂性的系统工程，河北省各城市应根据不同的比较优势，从借力京津发展进而产生经济互动。面对京津对河北省的经济辐射影响力，河北省能够接受多少经济辐射力，并且是否能将其转化为经济增长可持续的推动力，是河北省与京津能否产生良性经济互动关系，进而实现协同发展的关键。因此，河北省各城市应充分估计与京津、与省内城市之间的合作效应，因地制宜地选择有效率的合作方式和途径进行区域经济发展，在发展过程中，河北—京津的区域空间结构发生相应变化。

基于京津冀区域多层次的中心－外围的空间经济结构，河北省总的发展策略，应是一种多层次的梯度推进过程。首先，要在逐步实现和京津社会经济发展对接的同时，充分发掘和利用本地社会经济资源，形成省内经济发展的"次中心"，以便有能力承接京津的辐射；其次，摸清各次中心城市基础部门的规模结构，依据城市化区域的地理特点，实施各城市的经济发展；最后，从市场一体化、基础设施一体化、公共服务一体化、生态环境一体化的体制机制，建设改革四个方面策略保障河北省区域经济发展，使河北更好地与京津协同发展。

总之，随着京津冀区域越来越成为我国北方经济规模最大、最具活力的经济发展区，随着京津冀区域越来越引起世界的瞩目，京津冀协同发展将会得到具体的实践性推进：一方面，鉴于河北腹地对京津不可或缺的支撑作用，京津发展不可避免地会考虑到与河北的协同进程；另一方面，河北不仅要借力京津发展，而且要立足自身实际，站在与京津协同发展的高度，运用产业发展策略、城镇发展策略和体制机制改革策略等有效措施推进区域经济发展。虽然目前河北省和京津的综合实力差距还很大，但这是发展过程中的正常现象。在国家《京津冀协同发展规划纲要》的指导下，京津冀协同发展会不断得到实现，并朝着京津冀一体化的目标迈进。在这样的发展进程中，河北省将会成为我国北方最大的城市化区域的重要组成部分，并为这一大城市化区域的形成和发展做出重要的贡献。

目 录
CONTENTS

1 绪论 / 1
1.1 研究背景和意义 / 2
1.2 研究目标、思路及方法 / 6
1.3 本书的创新点 / 10
1.4 相关概念的界定 / 12

2 理论基础与文献综述 / 21
2.1 理论基础 / 21
2.2 文献综述 / 34

3 河北省与京津发展关系的演化 / 51
3.1 新中国成立前历史时期的京津冀关系 / 51
3.2 新中国成立后计划经济时期的京津冀关系 / 57
3.3 改革开放后的京津冀关系及其变化 / 59
3.4 本章小结 / 64

4 协同视角下河北—京津的区域经济发展差异及原因分析 / 65

4.1 京津冀协同发展的国家定位分析 / 66

4.2 河北—京津区域经济发展梯度分析 / 68

4.3 河北—京津产业发展梯度分析 / 92

4.4 河北—京津城镇层级分析 / 106

4.5 本章小结 / 117

5 协同视角下河北借力京津发展的实证分析 / 118

5.1 协同视角下河北借力京津发展区域经济的模型框架 / 119

5.2 京津对河北省的经济影响力分析 / 122

5.3 河北借力京津的市场潜力分析 / 130

5.4 河北借力京津的实证分析模型 / 134

5.5 本章小结 / 144

6 京津冀协同发展中的河北省经济策略 / 147

6.1 京津冀协同发展中的河北省区域经济发展总策略 / 147

6.2 河北—京津产业协同关系定位与河北省产业发展策略 / 150

6.3 河北—京津城镇协同发展与河北省城镇发展策略 / 161

6.4 京津冀协同发展中的河北省体制机制改革策略 / 166

6.5 本章小结 / 171

7 **研究结论与展望** / 172

7.1 研究结论 / 172

7.2 展望 / 175

参考文献 / 177

后　记 / 186

1

绪　　论

区域经济发展问题属于我国经济社会发展中所关注的热点话题，在经济"新常态"的社会大背景下，提升区域经济可持续发展的效率与质量，对于推进区域经济协同发展的进程、强化区域整体的竞争合作能力具有重要的现实作用。

京津冀区域是我国经济增长的第三大经济增长极，其区域经济发展处于重要的战略关口，三省市在京津冀协同发展国家战略下，已经开启了协同发展的新步伐。京津冀协同发展得以顺利实现的关键在于将所辖区域以一个整体而非局部零散的视角进行重新规划，以协同、协调的步调有序推进，因此，"协同"至关重要。但是，协同发展并不等于同步发展，因为京津冀区域有一个重要的现实问题不能忽视，那就是其内部的经济发展差异十分巨大，主要表现在河北省和京、津两大城市的差距很大，因此，京津冀协同发展的一个重要问题就是在三地"一盘棋"的思想下，河北省能借力紧邻京津的区位优势，并逐步和京津形成良性互动，更好地进行区域经济发展，进一步在实践上推进京津冀协同发展。

河北省作为连接北京和天津的关键性区域，明显受到京津两市的影响，如何借力京津两大城市的影响，并逐步和京津形成良性互动，来促进河北省区域经济发展，进而实现北京、天津和河北的高效联动及协同发展，应当是河北省在京津冀协同发展大战略下的区域经济发展中的重大战略问题。本研究正是基于此种基调，在京津冀协同发展战略下，在京津对河北省经济发展影响的前提下，对河北省区域经济发展展开全方位探讨，以期达到促进河北区域经济发展的根本目标。

1.1 研究背景和意义

1.1.1 研究背景

目前,作为与长三角、珠三角地区具有相同增长极战略地位的第三大增长极京津冀地区,与前两者有所不同,其经济发展仍然存在诸多非均衡的不可持续性隐患。京津冀三地同时属于京畿的重要地区,无论从地理位置、地域文化、区域合作还是历史渊源来讲,都有着不可分割的紧密联系。京津冀区域,由于首都被包含在其中,因此,三省(市)四方的发展关系较为错综复杂,但战略地位尤为重要。

京津冀地区近年来经济发展较为迅速,但是该地区由于没有充分处理好空间发展和可持续发展的关系等问题,致使其正日益面临着生态环境持续恶化、城镇体系发展失衡、区域与城乡发展差距不断扩大等突出问题。尤其是北京"摊大饼"式的发展使得"大城市病"凸显,资源环境生态各方面面临着严峻的考验。从国际经验看,一个区域的可持续发展及分工合作水平决定了其在国内和国际竞争力的大小,也影响着所在区域的经济地位,京津冀区域在这一方面亟待加强。基于这一宏观背景,国家提出京津冀协同发展的战略框架,将京津冀协同发展确定为国家重大发展战略,并制定出《京津冀协同发展规划纲要》。京津冀协同发展,核心是京津冀三地作为一个整体协同发展,要以疏解北京非首都核心功能、解决北京"大城市病"为基本出发点,优化京津冀城市布局和空间结构,建立京津冀协同发展的新格局。

对于京津冀区域内部而言,从总体实力看,北京和天津属于发达地区。北京目前已随着步入后工业化发展阶段,进入到经济发展的转型期;天津已步入工业化的后期发展阶段,然而河北省仍徘徊在工业化的中期发展阶段。这向我们证明,从经济发展进程的维度来看,河北省远远落于京津。京津冀区域,除了作为"增长极"的北京、天津两市经济发展迅速外,周边区域尤其以河北省经济发展明显滞后,并成为华北地区经济发展的低洼地,河北省经济发展相对于京、津差距较大。但是，从区位上看，河北省是连接北京和天津的关键性区域，也是北京和天津的腹地，其发展不可避免地和这两大城市有着千丝万缕的联系，并且明显受到这两大城市的影响。原来，河北省在京津冀区域总是扮演着为京津服务的角色，在经济发展方面总是处于弱势地位。但是，在新形势下，京津冀协同发展强调将北京、天津和河北省三地放在"一盘棋"的思想下，作为一个整体协同发展，这也就意味着河北省在未来的发展中，将会与京津在平等的平台上协同并进，这既是给河北省未来提供了发展机遇，也是一种必须要面对的重大挑战。在京津冀协同发展中，河北省应该站在新形势下，基于其自身的区域经济发展现状和特点，思考自身在协同发展背景下的发展策略。其中，一个很重要的方面就是，河北省的发展要主动提升自身的综合实力，同时，由于其环京津的区域优势，应该考虑如何借力京津两大城市的影响来促进河北省区域经济发展，进而实现与北京、天津的高效联动及协同发展，从这个角度来讲，这也应当是河北省在京津冀协同发展大战略下的区域经济发展中的重大战略问题。

1.1.2 研究意义

京津冀地区，是对我国经济社会发展有全局性影响的区域，被公认为中国北方地区发展的中心地区、国家科技创新影响的中心区域。但是，长期以来由于未能妥善处理好城市空间发展和可持续发展、中心区与外围区、集聚吸引与辐射扩散等关系，因此，一方面，这一地区的城市发展出现了较为严重的问题，最突出的就是北京的"大城市病"问题，治理北京的"大城市病"任重道远。截止到2014年底，北京常住人口已经达到2151.6万人，严重超出了北京的城市承载力。人口的快速膨胀带来了一系列的问题——交通拥堵、生态环境恶化、房价高涨、居民生活成本急剧增加，这不仅严重影响居民的生活质量，而且威胁着北京作为首都城市的可持续发展。与此同时，京津冀区域也已经成为资源环境承载力不堪重负的区域。另一方面，河北省与京津两大城市的差距过大，主要体现在人均地区生产总值、人均可支配收入、人居财政支出、公共服务等经济发展和社会发展诸多层面，河北省和京津的差距都十分巨大，甚至在北京、天津两大国际性城市的周边区域，仍然存在着大面积的集中连片贫困区域，特别是北京近年来对周边地区尤其是河北省的"虹吸效应"非常明显，制约了河北省区域经济的发展。京津冀协同发展，一方面有序疏解北京的非首都功能，解决北京的"大城市病"问题，实现京津冀城市的可持续发展；另一方面，在协同发展过程中作为河北省面临协同发展的机遇，如何在三地协同发展中寻求发展机会，对河北省而言，也显得尤为重要。

本书研究在京津冀协同发展过程中，河北省如何在协同发展搭建的三地平等的平台上，借力京津对河北的影响，借力北京向周边腹地疏解非首都功能的机会，来解决其在京津冀区域发展水平差、效益不突出等实际问题，进而探讨京津冀区域中的河北省如何做到真正和京津协同发展，分析如何将京津冀地区建设成为名副其实的国家第三增长极，这无疑具有重要的现实意义和深远的历史影响。本论文开展京津冀协同发展中的河北省经济策略研究，既具有理论意义，也具有重要的应用价值，还具有较大的关联影响，具体如下：

（1）本书所主要探讨的京津冀协同发展中的河北省区域经济策略，能够从理论上丰富区域经济联系的相关研究，对于在现实中创新实现区域协同发展理论，消除区域经济发展不平衡的影响，具有较大意义。本研究的起点是基于英国经济学家亚当·斯密的绝对利益理论和李嘉图的比较利益理论，以及俄国经济学家俄林的要素禀赋原理所创立的区域经学中的比较优势理论。而正是由于比较优势的存在，地域间的分工才可以获得最大的经济利益。比较优势理论和地域分工理论就是区域经济联系的基础。在区域经济的发展过程中，总有某一区域由于某种比较优势处于高发展势能，另一些区域由于比较劣势处于低势能，从而出现区域经济发展的非均衡。在一个独立的区域中，势能高的区域会凭借自身的比较优势，通过集聚效应吸引势能低的地区要素和资源不断流入，导致势能低的地区进一步衰落，从而对势能低的区域形成"虹吸效应"。当区域经济发展到一定程度，势能高的地区就会通过扩散效应将本地区的先进技术和信息等要素在空间上积极向势能低的地区扩散。经济发展趋向于均衡还是非均衡要看集聚效应和扩散效应这两种效应的强弱对比关系。如果前者大于后者，那么一个区域可能会趋向于非均衡发展，如果后者大于前者，则这个区域可能会趋向于均衡发展。无论是扩散效应还是集聚效应，都是区域经济中的各经济主体之间的经济联系。扩散效应和集聚效应更多的带有自然发生的成分，如果两种效应自由发生，"虹吸效应"等现象将不可避免。因此，区域经济理论中，独立区域的各地区更应主动打破地区独立发展的思维方式，确立区域协同发展，发挥各地区经济优势，提高各地区经济效益，从而提高整个区域的整体发展能力。京津冀区域，北京和天津是名副其实的中心城市，河北省处于腹地，北京和天津两大城市具有高发展势能，河北腹地区域发展势能必然较低，按照区域经济学的理论，高势能区域必然会将劳动、资本、技术、信息、文化等要素向低势能区域扩散，从而带动低势能的腹地区域经济发展。但是，河北腹地和中心城市各有优势，应该充分发挥各自的比较优势，通过经济联系进行区域经济发展，从而达到区域经济协同、协调发展的目标。因此，探究京津冀协同发展中的河北省区域经济发展，对于创新区域经济联系，实现区域协同发展理论，具有重要的理论意义。

（2）本研究对于推进京津冀协同发展，增强京津冀一体化发展的能力，实现三地互利共赢发展新局面，促进河北省经济空间结构的优化，加快建设河北富民强省的步伐，具有重要的现实意义和决策咨询价值。河北省是个典型的京畿地区，内环一个国际性的政治、技术、信息和文化中心城市——首都北京；一个国际性的经济港航开放城市——天津，受京、津两大城市长期的超强辐射影响和带动，应该成为一个经济社会发展水平较高的沿海强省。但是，由于受多种因素的影响，却形成了一个"东部城郊区位、中部发展水平、西部发展特征"的省区，究其原因，不能不归结到没有处理好中心—外围的关系，没有处理好中心城市对周边腹地的"虹吸效应"的加剧。京津冀协同发展国家战略制定与实施，将会为未来河北省区域经济的发展提供了良好的机遇。本书开展京津冀协同发展中的河北省经济策略研究，深刻分析新时期的京津冀关系，寻求京津冀协同发展的结合点，强化京津与其腹地区域河北省依据其比较优势的错位发展模式，对于实现京津冀的互利共赢发展，促进河北省经济空间结构的优化，增强协同发展的能力，加快建设河北富民强省的步伐，对于推进京津冀协同发展，增强京津冀一体化发展能力，都具有重要的现实意义和决策咨询价值。

（3）本研究全方位开展京津冀协同发展中河北省的区域经济策略，对于密切与京津冀之外的江、陆、海省区的关系，也将产生关联性的影响和带动作用。中国北方地区以京津为中心，其中，北京是文化、政治、国际交往以及科技创新中心，天津是北方国际航运核心区、金融创新运营示范区、改革开放先行区以及全国先进制造研发基地，而河北则是全国现代商贸物流重要基地、产业转型升级试验区、新型城镇化与城乡统筹示范区。随着京津冀区域功能的确定，晋、蒙、陕、宁等地区也将与京津冀融为一体，形成了更大区域范围内的经济共同体。探讨在京津冀协同发展中河北省的区域经济发展转型升级方式及策略，必然要关联到京津与西部地区、河北与西部地区的关系。这种关联也关系到21世纪海上丝绸之路，即"一带一路"国家重大战略的实施，特别是京津与西部能源、资源构成的供求关系，将成为推动河北经济发展的重要力量。开放式的开展京津冀协同发展中的河北省区域经济策略研究，对于密切与京津冀之外的江、陆、海省区的关系，也将产生关联性的影响和带动作用。

1.2　研究目标、思路及方法

1.2.1　研究目标

本研究的总体目标是，在京津冀协同发展大背景下，坚持增强京津冀的整体性要求，对京津冀协同发展中的河北省区域经济发展展开全方位研究，旨在希望河北省能充分发挥自身比较优势，借力环京津区位优势和与京津对其的经济影响力，能加快推动与京津的错位发展和融合发展，切实实现京津冀区域协同发展、协调发展。具体而言，从河北省各城市和京津的历史关系出发，探讨将京津冀看成一个整体区域，明确京津对河北省的空间经济影响范围、空间经济影响力，以及河北省借力京津发展的市场潜力，从而提出河北省各城市如何借力京津的经济影响力优势发展自身，防止出现京津对河北各城市"吸虹效应"带来的副作用，从而实现京津冀三地真正的协同发展、协调发展。

1.2.2 研究思路

本研究在京津冀协同发展大背景下,本着区域经济协同发展的目标,尝试沿用"京津冀协同发展中河北省区域经济发展的必要性和紧迫性—历史演变的京津冀发展关系—协同视角下河北—京津区域经济发展的差异和原因—协同视角下河北借力京津发展的实证分析—京津冀协同发展中河北省经济策略"的思路链条展开探讨。具体如下:

第一部分论述了本研究的研究背景、研究意义、研究思路、研究方法、创新点等内容,并对与本研究相关的区域与区域经济发展、区域协同发展、区域性中心城市、区域(或城市)的经济联系、辐射等概念进行了界定,为本研究奠定基础。

第二部分为本研究的理论基础与研究成果综述。理论基础部分主要对于区域经济协同发展理论、增长极理论、空间集聚与扩散理论、中心—外围理论、区域经济梯度转移理论进行阐述,在阐述其主要观点的基础上,进行简要评述;研究成果综述部分主要从区域协同发展,京津冀的经济发展关系的研究对文献进行的梳理和评述,并对现有京津冀区域经济发展和在协同发展下河北借力京津进行区域经济发展的研究状况进行了梳理和评述。

第三部分主要从历史的角度论述了京津冀发展的关系。从历史的角度剖析了京津冀三地的历史性演变,分析了新中国成立前、新中国成立后、改革开放后三个时期京津冀三地行政、交通、经济关系的演变进程,从这些关系演变中寻找目前河北省和京津两大城市区域经济发展为什么具有较大差距、并呈现中心与腹地的状态,为什么京津对河北省具有经济影响力,为什么要寻求京津冀协同发展的历史根源,进而为区域经济发展的未来发展思路。

第四部分主要分析了协同视角下河北—京津的区域经济发展的差异和原因。在京津冀关系分析的基础上,利用实证方法测算了京津冀的经济发展差异,提出京津冀区域经济发展在空间上具有梯度发展的表现特征,得出京津的第三产业特别是新兴服务业发展水平高、工业发展水平高、交通干线发达的经济主体综合评价值最高,处于高梯度地区;河北省域的沿海城市和省会城市居于中梯度地区,陆域和山区居于低梯度地区;实证测算了京津冀的产业发展梯度，提出一方面北京的大部分第三产业具有产业优势，具有向河北省进行转移的要求，河北省也可以利用自身的优势承接北京的部分服务业，有助于打破地区间市场壁垒，推进市场经济和市场化程度的提升；另一方面天津可以考虑将煤炭开采和洗选业等重工业向腹地河北进行转移，而且河北省具备承接这些重工业的基础和条件；实证测算了京津冀的城镇层级关系，归纳梳理出所存在的固有问题。从这三个维度的分析反映出河北和京津在区域经济发展、产业发展、城镇发展方面存在很大的梯度差，基于此，河北省能够受到京津两大城市的经济影响和产业辐射，也能够承接部分产业的空间转移，并在城市和城镇建设方面进一步发展。

第五部分主要研究协同视角下河北省借力京津发展的实证分析。基于河北省和京津两大城市的在经济发展、产业、城镇层级方面存在的差异，本研究在京津冀协同发展视角下，构建河北省区域经济发展理论框架的基础之上，实证分析了借力京津经济影响力的河北省区域经济发展。京津对河北省具有经济影响力，本书利用实证测算京津对河北省的经济影响的圈域和经济影响力的大小，也测算了河北省十一个设区市在接受京津经济影响力过程中所具备的市场潜力，在以上分析基础上，利用实证模型分析了河北省接受来自京津经济影响力的经济增长实际效果，得出京津对河北省的某些城市的影响力较大，对另一些城市的影响力较小。

第六部分的主要内容为京津冀协同发展中的河北省经济发展策略。依据河北省接受京津经济影响力的现实效果，立足河北省的视角，提出京津冀协同中的河北省的总策略，再具体从产业发展策略、城镇发展策略和体制机制改革策略等三个方面分析河北省如何借力京津，如何与京津形成互动，从而促进河北省区域经济发展，达到京津冀协同发展的目标。

第七部分为本研究的结论和展望。本书得出京津冀协同发展中，京津会对河北省区域经济发展产生中重要的影响，并从产业发展策略、城镇发展策略和体制机制建设策略等方面提出河北与京津如何更好融合发展，为未来京津冀协同发展中河北发展提供决策依据。

本研究从分析河北省与京津发展的历史关系为起点，分析京津冀协同视角下，作为腹地的河北省与京津两大城市在经济发展过程中存在着区域经济差异、产业梯度和城镇发展差距，对协同视角下河北省借力京津发展进行实证分析，试图提出京津冀协同发展中河北省的经济策略，为有关地方政府的科学决策提供依据。

本研究的技术路线图如图1-1所示。

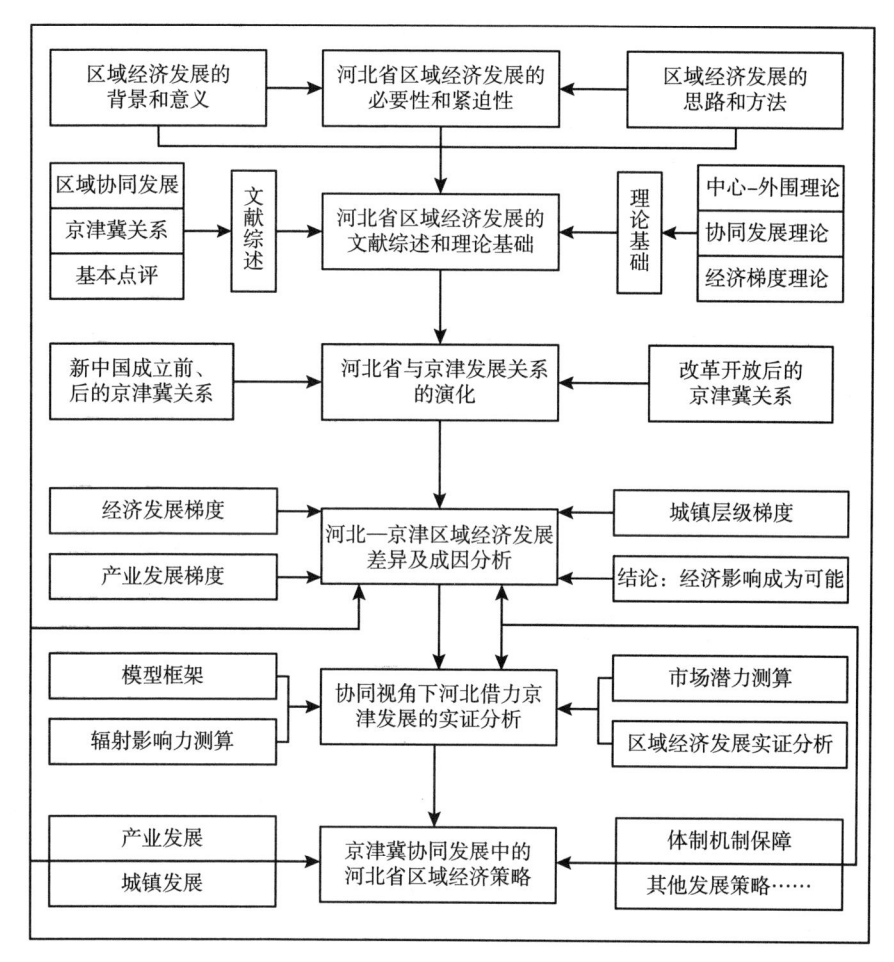

图1-1 技术路线

1.2.3 研究方法

本书主要在京津冀协同发展背景下，对河北省区域经济发展展开研究，主要采用以下研究方法，以达到研究目标，具体来说：

1. 理论与实证分析相结合

本研究本着区域经济协同发展理论、京津冀协同发展的目标，定量分析河北省和京津两大城市的区域经济发展差异，揭示河北省与京津在产业发展、城镇发展方面的差异。并进一步通过建立河北省借力京津发展的实证模型，揭示京津对河北省的经济影响力，并通过最终有效辐射弹性检验京津对河北省影响的经济增长效应。从这方面来讲，理论分析和实证分析相结合的研究方法是本研究的首要方法。

2. 历史回顾评价分析法

通过对河北省、北京及天津各个不同历史时期发展关系进行历史回顾分析评价，揭示京津与河北经济发展的历史阶段和过程，为探讨京津冀协同发展背景下，河北省如何借力京津经济影响力进行区域经济发展找到历史渊源。从这方面来讲，历史回顾评价分析法是本研究的另一重要的研究方法。

3. 因果分析法

通过对京津与河北省经济发展、要素流动互为影响的因果关系，揭示京津冀协同背景下，京津与河北腹地的相互影响力及腹地如何立足自身优势，借力中心城市优势进行区域经济发展。从这方面来讲，因果分析法是本研究重要的研究方法之一。

4. 比较分析法

本研究通过比较河北省与京津经济发展、产业发展、城镇发展，揭示京津由于具有较高的势能而具备向腹地城市发出经济辐射的可能，腹地城市可以借力京津两大城市的经济影响力进行发展，最终实现互动关联的良性互动。比较京津和河北的发展，是本研究一个非常重要的部分，因此，比较分析法也是本研究的重要研究方法之一。

1.3 本书的创新点

依据京津冀协同发展的国家重大战略，本书研究河北省在京津冀协同发展中采取怎样的发展策略。这里，一方面分析京津冀区域中京津两个城市会对河北省产生什么样的经济影响力；另一方面分析河北省如何立足自身优势，借力京津的经济影响来实现自身发展。综合两方面的分析，本书力图实现以下方面的研究创新。

（1）京津冀协同发展视角下的河北省省情分析，是在国家《京津冀协同发展规划纲要》指导下，基于京津冀协同发展对河北省省情的全面、系统的研究，这是研究视角的创新。以往的研究往往专注于京津冀某一方面的差异分析，没有对京津冀内部区域的差异进行系统、全面的比较分析。本书认为：必须本着认清与京津比较的河北省区域经济发展差异、认清河北省省情的研究思路，才能提出合理的发展策略。本研究在我国对京津冀"三省（市）四方"特定管理体制的特定条件下，从经济发展梯度、产业梯度、城镇层级三个方面分析了基于协同发展的河北与京津的差异现状，系统分析了河北省的省情，为实现京津冀协同发展的基础做出了较全面的具有创新性的研究。

（2）本书运用区域经济学与空间经济学理论，在研究河北省借力京津发展方面做了实证模型分析，对京津对河北的经济辐射力和河北省的市场潜力测算，并将两种因素进行综合来测算京津对河北省的有效辐射力弹性，反映京津辐射对河北省各经济主体的增长效应，是一种区域经济发展实证理论的创新；本书还运用空间 GIS 软件对京津对河北省的经济辐射力做了可视化展现，也是方法工具运用的一种创新。具体而言，本书第四章通过测算京津对河北长期持续影响形成的梯度差，分析了协同视角下河北省立足自身优势条件借力京津推动区域经济发展的可能性；第五章测算出京津对河北的辐射能力和河北省的市场潜力，将其作为考察河北省经济增长的解释变量，通过建立河北省借力京津发展的区域经济模型，运用河北省 11 个设区城市和京津 2004~2013 年的 10 年面板数据，深入分析了河北省与京津的依存关系。这些是运用空间经济学理论，在研究河北省借力京津发展方面做出的理论创新。与以往的多从京津对河北省经济影响的单维度来探索其区域经济发展的研究相比较，不仅测算了京津对河北省的经济发展影响，也研究了河北接受来自京津经济影响力时具备怎样的市场潜力，并将两种效应相结合来研究河北省区域经济的发展能力，也是一种把区域经济发展从借力发展到互动推进的实践创新。

（3）京津冀协同发展视角下的河北省经济策略的研究，是在推进河北省融入与京津协同发展"一盘棋"的理念下，提出系统性的产业发展策略、城镇发展策略和机制体制改革策略，这是一种研究观点的创新。本书第六章的关于系统性策略的提出，力求起到为河北省各级地方政府提供科学决策的重要作用，在此基础上实现区域经济发展。

1.4 相关概念的界定

区域经济发展问题一直以来都属于区域经济学中的一个重要议题。对区域经济发展问题的研究，首先必须明确区域与区域经济发展、区域协同发展以及与本研究有关的区域性中心城市和区域（或城市）经济联系、辐射等特定的概念，对于这些概念的界定，有助于为本文的研究指明研究的范畴和避免方法使用上的误区。

1.4.1 区域和区域经济发展

1. 区域

区域是人类经济活动的空间基础。就一般意义而言，区域是一个客观存在、抽象的空间概念。从区域概念界定的进程来看，不同学科的学者从不同视角对区域的概念进行了界定：从地球表面的某一地域主体的角度进行界定是地理学的概念；从国家管理的行政主体的角度进行界定是政治学的概念；从具有相同语言、信仰和民族特征的社会聚集区的角度界定是社会学的概念；从人的经济活动所造成的、具有特定地域特征的经济社会综合体的角度界定是经济学的概念。对于区域的概念进行综合，两个概念最有代表性：一是从地理学的角度，《牛津地理学词典》的定义，"区域是指地球表面的任何一个主体，它以自然或人文特征而有别于周围的地区"[1]；二是从经济学的角度，区域经济学的鼻祖埃德加．胡佛（1970）给出的定义，"所有的定义都把区

---

[1] 吴长剑．公共管理研究的新视角：区域公共管理的若干思考 [J]．管理观察，2008（10）：46–47．

域概括为一个整体的地理范畴,因而可以从整体上对其进行分析",[①] "……这一整体是基于叙述、分析、管理、规划或制定政策等目的,视为一个应用性整体来加以考虑的一片地区,它可以根据内部经济活动同质性或功能同一性加以划分"[②]。魏厚凯提出区域是指"根据一定的目的和原则而划定的地球表面的一定空间范围,是因自然、经济和社会等方面的内聚力而历史奠定,并具有相对完整的结构,能够独立发挥功能的有机整体"[③];聂华林指出"区域是一种地理主体,从内部看,各组成部分在某种特性上具有高度的相关性,从外部看,具有有别于其他地区的特征;作为整体,区域的真正属性建立在对区域共同利益的一般认识上"[④]。郝寿义、安虎森认为对区域界定一个人们普遍接受的、比较确切的定义是比较困难的。陈秀山、张可云提出区域是一国经济范围内划分的不同经济区的观点。综观各种对区域概念的界定,可以看出,区域是一种地理主体,在经济功能上对内具有相对同一的特征,对外又有别于其他地区;如果作为一个整体,区域会在经济体制和经济政策上具有连续性和一致性特点,并能有效组织区内的经济活动和区外的经济联系。本书讨论的区域是指一国的一个地区——京津冀地区,京津冀区域内部各组成部分具有同质性,外部具有有别于其他地区的特征。

2. 区域经济

区域经济是相对于国民经济而言。国民经济是指在一国范围内,在国家和政府的管理下,完成生产、交换、分配和消费的过程,从而实现资源的最优配置。区域经济是指在某一个特定地区范围内经济发展的内外因素相互作用产生的经济活动和经济关系的总和。

在我国的区域经济研究中,"区域经济"是一个相对概念,区域经济有大有小,既可以指包括大部分国土面积的经济带,例如长三角经济区、珠三角经济区、环渤海经济区和东、中、西三大经济带;也可以指包括多省或一

[①] 胡佛,杰莱塔尼. 区域经济学导论 [M]. 上海:上海远东出版社,1992:220.
[②] 安虎森. 有关区域经济学基本理论的一些思考(上)[J]. 西南民族大学学报(人文社会科学版),2008(1):103-113.
[③] 魏后凯. 现代区域经济学 [M]. 北京:经济管理出版社,2006:1.
[④] 聂华林. 区域经济学通论 [M]. 北京:中国社会科学出版社,2006:2.

省的经济，如中原经济区；还可以指省内的地区经济，如河北省内部有冀东、冀中、冀南之分，江苏省内部有苏南、苏中、苏北之分。总之，相对于一国经济，"区域经济"是一国国民经济在特定地区范围内的空间分布主体，通常它会以经济资源的分布相似和经济发展程度的相近进行划分。本论文研究的是资源分布相似的京津冀地区的区域经济问题。

3. 区域经济发展

首先明确"增长"和"发展"的概念。在经济学上，增长通常是指总产出或人均产出的增加，是一个能被量化的概念。但是，发展的含义要比增长的含义广泛，发展不仅包含着总产出或人均产出的量的增加，而且还包含着产出结构的改善和资源配置的优化。除此之外，发展的涵盖范围非常广泛，还包括政治制度和社会体制的进步、文化教育水平的提高、居民劳动条件的改善、收入分配的合理程度、人口寿命的增加等。增长和发展有着不可分割的、密切的联系：增长是数量的概念，发展是质量的概念；增长是发展的基础，发展的结构变动是增长的逻辑结果。

区域经济增长和区域经济发展是区域经济的中心问题。区域经济增长就是指特定区域内总产出或人均产出的增加，是量的概念。区域经济发展则意味着在区域总产出或人均产出增加的同时，区域内的产出结构的改善和资源配置的优化，是质的概念。区域经济发展的重点是区域经济增长，因为任何经济活动首先表现为产出量的不断增加，只有经济产总量不断增加了，像体制制度的进步、文化教育水平的提高、居民劳动条件的改善才有了前提，区域经济结构、社会结构以及资源的优化配置才有了基础和源泉。区域经济发展应以质量并重为长期目标，注重区域经济的技术创新、区域经济结构的优化。本研究立足于京津冀协同发展的背景，站在河北省的视角上研究其如何立足自身优势，借力京津两大城市的经济影响力从而促进本省的区域经济发展，最终实现和京津的协同发展。

1.4.2 区域经济协同发展

1. 协同

协同首先可以从字面上理解其含义。"协"有"和""合""和谐""协作""合作"的意思，是协同学的基本范畴；同是"同步"的意思。

协同一词源于古希腊，康德认为协同是主动和受动的交互作用；1971年德国科学家哈肯提出系统协同学的思想，后来发展为协同学。

所谓协同，就是指构成一个整体系统的各要素通过协调合作，达到系统整体功能大于各要素功能之和的一种系统结构状态，它既反映了系统发展的协调合作过程，又反映了系统通过这一过程所达到的结构状态优化的结果。

在人类社会和自然界的大系统中，任何事物之间的联系通常会以两种形态展现，一种形态是无序的混沌的状态；另一种状态是有序的协同的状态。无序和有序这两种状态在一定条件下是可以相互转换的，也就是说，有序可以变为无序，无序可以变为有序。当大系统内各事物之间在合力的作用下能够相互协同，整个系统就会形成超越单个要素功能加总的新功能；当大系统内各事物之间由于某些因素不能很好的协同，整个系统就会呈现杂乱无章的混沌状态，系统的整体功能就必然不可能被充分发挥。协同现象在任何领域中都是普遍存在的。

协同的概念出现后，被广泛应用于学术研究中。可以进一步理解，协同是一种状态，也是一个过程。作为一种状态，协同是指被协同各要素之间的融洽关系，使协同的主体整体效应加强，每个个体都能获取利益，并实现共同发展；作为一个过程，协同表现为一种控制和管理职能，是围绕被协同者发展目标对其整体中的各种活动的相互关系进行调节，使这些活动减少矛盾，共同发展，促进被协同者目标的实现。[①] 本书所研究的协同是指京津冀区域这个系统中，北京、天津与河北省三个经济主体之间在发展过程中彼此的和谐一致。

需要指出的是，这里的协同和协调是两个不同的概念。协调是指和谐一致，配合得当。具体而言，协调就是正确处理组织内外各种关系，为组织正常运转创造良好的条件和环境，促进组织目标的实现。协同是一种状态或过程，它强调通过协调合作使得整体系统体功能大于各要素功能简单加总的和；而协调是一项动作或者过程，它强调各主体的关联互动，从而达到和谐一致的目标。本书所研究的协同具有通过京津冀三地的协调合作使得京津冀区域

---

① 韩志强. 基于可持续发展的城乡旅游协同发展研究［D］. 福州：福建师范大学，2008.

的整体竞争力大于三地各自为政进行发展的简单加总的竞争力，其中也包含着协调的含义。

2. 协同发展

协同发展是由协同和发展两个词相联系组成的，协同是系统之间的一种较好的关联，发展是系统的一种演化过程。将协同和发展组合在一起，实质上是两者的交集，是系统或系统内要素之间的和谐一致、配合得当、良性循环的基础上由低级到高级、由简单到复杂、由无序到有序的总体演化过程。协同发展不是单一的发展，而是一种多元的发展。[①] 在协同发展过程中，发展是系统运动的指向，而协同则是对这种指向行为的有益约束和规定。协同发展强调的是一个大的整体性、和谐性的发展过程。

京津冀协同发展国家战略的提出，给京津冀今后的发展指明了方向。关于京津冀协同发展，重在强调其整体性的和谐发展，京津冀协同发展的关键是如何理解"协同发展"的含义。

3. 区域经济协同发展

区域协同发展其实是一个非常复杂的巨大的系统，涉及的因素非常多，而且这些因素之间的关系错综复杂。对于不同的区域，面临的问题各式各样，因此影响因素也各不相同，只有充分地认识和妥善处理好各种因素之间的关系，并使得这些因素协同一致，求得互动平衡，这样才能达到区域协同发展的目标。

区域经济协同发展，是指区域内各地域主体（子区域）和经济组分之间协同和共生，自成一体形成高效和高度有序化的整合，实现区域内各地域主体和经济组分"一体化"运作的区域经济发展方式。协同发展的区域体系有统一的联合与合作发展目标和规划，区际之间有高度的协调性和整合度，共同形成统一的区域市场，商品及生产要素可以自由流动与优化组合，具有严谨和高效的组织协调与运作机制，内部各区域之间是平等和相互开放的，同时也向外部开放使协同发展的区域体系形成一个协调统一的系统，既有利于

---

① 徐孝勇.西南地区商贸中心构建与发展对策研究［D］.重庆：西南大学，2005.

内部子系统的发展,又有利于与外部系统(如全国性经济系统或全球经济系统)的对接和互动。①

本书研究京津冀协同发展已经上升为国家战略,在经济上给京津冀今后的发展指明了方向。关于京津冀协同发展的内容和实施,京津冀三地正在进行探索。

1.4.3 区域性中心城市和区域(或城市)经济联系

1. 区域性中心城市

区域经济活动通常都是在地理空间上进行的。但是,不同地区在地理空间上所表现的形态又是不同的,这主要是因为各种经济活动的特点和区位特征的不同所造成的。在实际情况中,即使同是属于一个区域内,有的地区在空间上处于中心地位,有的地区空间上处于外围地位,这都是由地区的经济发展水平、产业结构类型、要素禀赋、经济影响力等多种因素综合决定的。按照区域经济学的理论,认为在区域经济发展过程中,在某一区域总会出现中心和外围区域,一般情况下,区域中心总是由某一城市来担当,这一城市自然而然地被称为区域性中心城市。一般的中心城市,总是由在经济、政治和文化活动中起着重要作用的城市来担当。区域性中心城市是指在一个较大的区域范围内,综合实力强、人口相对集中、在政治、经济、文化等方面具有较强的吸引能力、辐射能力和综合服务能力,且经济发达、功能完善,能够组织渗透带动周边区域经济发展、城镇体系建设、文化进步和社会事业繁荣,其影响力可以覆盖区域内其他城市的中心城市。②

我们可以进一步理解区域性中心城市的概念,区域性中心城市应该具备双重功能,一方面对内能够从外部聚集各种生产要素并将其整合成新的经济发展资源,发挥其聚集力;另一方面对外能够将过剩的技术、信息等生产要

---

① 黎鹏.区域经济协同发展及其理论依据与实施途径[J].地理与地理信息科学,2005(7):51-55.

② 刘荣增,崔功豪,冯德显,等.新时期大都市周边地区城市定位研究——以苏州与上海关系为例[J].地理科学,2001,21(2):158-163.

素扩散到周边或规模较小的城市，从而发挥其扩散力以扩大经济区域。根据克里斯塔勒（1933）与勒施（1940）的中心区位定理，区域中心城市往往居于一个区域地理位置的中间，区域经济区就是由一些"区域经济中心城市"相对稳定的经济联系构成的区域。[①]

区域性中心城市是经济社会发展到一定阶段以后，某一地区与另一地区发生经济联系后产生的。区域性中心城市产生后，某一地区与另一地区的经济联系始终都是以区域性中心城市为圆心，通过其优势的要素向周边地区扩散。区域性中心城市是周边地区经济社会发展的引领者，是区域空间系统中的一个极核点。在某一较大独立区域的内部，由于区域是由城镇体系构成的，城镇体系中的所有城镇的综合实力有大小之分，高低之别，在发挥城镇各自的综合实力影响力方面存在着很大的差异，因此，在空间结构的分布中城镇会呈现层次性分布。在分析城镇中城市的不同影响力时，需要对中心城市、次中心城市、外围城市做出划分。本研究会对京津冀区域的中心城市进行划分，并将城市体系划分为不同等级的中心城市、次中心城市、外围等。因此，明确区域性中心城市的概念，辨别区域中心城市，对于推进经济快速发展、充分利用经济的自然联系有着重要意义。

2. 区域（或城市）经济联系

区域经济发展的非均衡导致了地理学家首先对区域经济联系理论进行研究。而城市群是区域经济发展的一大发展现象，因此关于区域经济中的城市群经济联系就成了区域经济联系中最多的研究。

随着区域经济的日益发展，某一地区（或城市）在区域中的地位越来越重要，区域内部和区域之间的社会、经济等方面的联系就会日益加强。由于区域与区域之间都有着自身的比较优势，其区域经济发展也存在着差异甚至是互补，为了更好地发展自身，区域和区域之间就会发生相互作用，形成区域经济联系。区域经济联系有时会强化区域的空间差异，有时会削弱空间差异，从而促进空间格局的动态变化。

由此可以看出，区域（或城市）经济联系是一个综合性的概念，它既有

[①] 藤田昌久，保罗·克鲁格曼，安东·J. 维纳布尔斯. 空间经济学 [M]. 北京：中国人民大学出版社，2005：31 – 32，417 – 423.

直观的表现，也有更为细化的表现。我们在理解区域经济联系概念时，对于以上两者进行综合，区域（或城市）经济联系是指相关区域（或城市）之间在商品、劳务、资金、技术和信息方面的交流，以及以此为基础发生的关联性和参与性的经济行为，它是现代区域经济发展的必要条件，对各区域（或城市）的经济发展产生着重要影响。① 区域（或城市）经济联系是可以量化的，通常用区域（或城市）的经济联系强度这一指标进行衡量。在区域经济学上，空间相互作用量是区域（或城市）的经济联系强度，它可以反映中心城市对周边城市经济辐射能力。本书选取京津冀区域的13个城市，在京津冀协同视角下，站在河北省的角度，分析北京和天津这两大中心城市和河北省11个设区市之间的经济联系，进而分析河北省11个设区市如何利用自身优势加强和北京与天津的区域经济联系，借力北京和天津更好地发展。

1.4.4 辐射

物理学认为，辐射是高能量物体向低能量物体传递能量的过程。从辐射最本源的含义理解，只要高能量和低能量物体之间存在着势能差，辐射就会自然而然地发生，就像是太阳和地球，太阳自然将自己的热能辐射向地球。后来，国内经济学家厉以宁（2001）在《区域经济发展新思路》一书中第一次将物理学上的辐射借用过来，以分析经济发展过程中出现的辐射现象。他提出，因为区域经济发展中地区的辐射性和物理学上物体和物体之间的辐射具有很大的相似性，因此可以借助物理理论来研究经济学现象。再后来，辐射理论被学者张秀生、卫鹏鹏（2005）在《区域经济学理论》一书中作为区域经济学发展理论中的独立理论来阐述。辐射的经济学含义是指，在经济发展和现代化进程中，经济发展水平和现代化程度相对较高的地区与经济发展水平和现代化程度相对较低的地区进行资本、人才、技术、市场信息等要素的流动和思想观念、思维方式、生活习惯等方面的传播。通过这一系列要素的流动和传播，目的是进一步提高经济资源的配置效率，以现代化的思想观念、思维方式、生活习惯取代与现代化相悖的旧的习惯势力，最终达到区域

---

① 彭荣胜. 区域经济协调发展的内涵、机制与评价研究［D］. 开封：河南大学，2007.

经济的协调发展。[①] 进一步理解辐射的含义，一般来说，在辐射过程中，经济发展水平和现代化水平较高的地区就是辐射源。本书也研究了经济现代化发展过程中，在京津冀协同发展中，京津冀区域范围内北京和天津两大中心城市对河北省11个设区市的经济发展的辐射影响问题。

在区域经济学上，通常会用一定的指标来衡量辐射的大小，我们把这个指标称为辐射力。辐射力顾名思义就是辐射源对周边城市或地区的综合影响力和发展带动能力。通常，作为城市的点、干线或航道以及沿海陆地带的线、城市群形成的面会通过聚集与辐射和周边的城市和腹地发生紧密的联系。当辐射源聚集产生的极化效应使得其生产率不断提高，经济发展增长迅速时，其人才、资本、技术、信息等要素就会通过规模效应、市场效应等不断向辐射源聚集，聚集到一定程度就会产生边际效用递减，辐射源开始向周边地区或城市进行技术、信息、资本的转移，从而发挥扩散和辐射作用，带动周边地区或城市，最终达到整个区域协同发展的目的。本文对京津冀13个城市的区域经济综合实力进行测算，并以此为基础计算京津对河北省11个城市的辐射力。

---

① 徐晓红，陈忠暖，史铁丑. 泛珠三角经济辐射发展模式探析 [J]. 宜春学院学报，2005 (12): 27–29.

2 理论基础与文献综述

探讨京津冀协同发展中的河北省区域经济发展,有着较为充分的理论基础和实践指导,故本章对此做出系统性的梳理,为下文的顺利开展打下坚实的理论基础。本章分为两大部分,其中,第一部分为理论基础部分,主要包括区域经济协同发展理论、增长极理论、空间相互作用理论、核心—边缘理论、区域经济梯度理论,在阐述每一个理论中心观点的基础上,进行简要评述;第二部分为文献综述部分,主要从区域经济协同发展研究和京津冀发展关系研究方面对文献进行全面梳理和评述。本章的最后总结了已有研究的不足之处,并提出今后研究应该侧重的基本方向。

2.1 理论基础

2.1.1 区域经济协同发展理论

1. 理论内涵

协同学的理论提出以后,就被区域经济学家用来分析区域经济的发展问题,于是区域经济协同论随之产生。

区域经济协同发展有其自身的内涵。区域经济协同发展,是指区域内各经济主体之间的协同和共生,各经济主体自发地将区域内散乱的资源和要素进行有序和高效的整合、配置，从而达到区域的整体功能大于单个各经济主体功能的一体化运作的区域经济发展方式。

在区域经济协同发展过程中，区域内的各经济主体之间的商品和生产要素能够自由流动，并形成无壁垒的统一大市场，各经济主体之间地位平等，相互开放，而且具有统一的发展目标和高效、严密的协调和运行机制，区域经济协同的整体也对外进行开放，一方面促进内部经济主体的发展，另一方面也和外部的区域进行紧密的联系和互动。

区域经济协同发展在运行过程中，遵循整体性原理、联系性原理、有序性原理、动态性原理、调控性原理、最优化原理等六大原理，合理协调运作整个区域的运行机制，从而整个区域协同系统的健康进行。区域经济协同发展重点涉及的多是一体化运作和协调发展的区域经济发展方式，越来越受到理论界和实务层的高度关注。

2. 主要观点

对于区域经济协同发展理论主要观点主要是从区域分工、系统论和大协调全息经济（运行）理论等三大理论来进行。

一个独立的大区域能够进行区域分工，主要的原因在于每个区域的发展条件、基础、资源条件，以及经济结构等多个要素的差异比较大，而且这些因素或者某一具体要素的流动性不强或者不能完全自由流动引起的。区域之间的要素差异和要素之间的流动性问题是一个普遍的客观现实，为了应对这一现实问题，就需要选择最优条件，根据成本效益原则（效益大于成本），以最适宜和最优产业来发展区际关系，从而满足各个区域之间的经济、社会的实际发展需要，那么区域之间的分工则成为必然选择。

系统理论的主要观点是在一个大系统中，存在着许多层次的子系统，每一个子系统同样具有系统的一般特性。因此，各区域之间必须协同运作、共同发展，以获得系统原理中的达到功能最优、整体大于各部分之和等效应。各区域均有义务共同努力、发展自己、协同与配合他人，共同地积极开展经济合作，以谋求自己在共同的发展中得到更好的发展。

大协调全息经济（运行）理论的观点体现在三个方面：首先，将区域的经济活动视为一个整体进行看待，在人与自然的范畴上主要衡量区域经济活动对人类的利害关系，而不是仅仅考虑经济范畴内的得失，并以此探寻与生态环境协调发展的最佳经济途径；其次，为了提升社会整体的宏观效益，将各种社会活动与区域的经济活动联系起来，且对社会或者各种社会活动进行全方位改革；再次，把每一保证人类在自然界中适宜生存的条件和经济活动的每一个必要条件都作为健康的经济活动必不可少的维度，在使用多维的立体坐标，计算各维效率和交叉限量的基础上，求解整体效率和宏观效益。各维效率在整合过程中交叉影响，某一维效率的提高有时会造成其他维效率的降低，但又会带来整体效益的提高。

3. 理论评述

区域协同理论中合理的劳动地域分工对区域经济发展有着显著的促进作用，既有利于区域间的相互扶持与协作，也有利于大力发挥各区域的自然资源和劳动力资源优势，从而为劳动生产率的全面提升带来正的外部性。总的来说，区域分工理论的重要意义体现在各个地区之间进行专业化分工与协作，进而发挥各个区域在各个不同领域方面的比较优势，这样做有助于各个区域甚至整个区域整体（或全国）的经济效益改善或提升。作为现代科学的新潮流，系统理论的有效使用不但能够调整系统内部的运行结构，优化决策系统，而且能为现代科学的发展提供方法参照，更为区域经济的协同发展提供理论依据。同时，大协调全息经济（运行）理论也有着现实的积极意义，为了实现区域与区域之间合作与协作效益的良好效果，同时也为了改善人类与自然之间的紧密关系，需要运用该理论的基本原理来指导区域经济协同发展，从而可以克服片面的区域经济活动及其所引发的不良经济后果。

2.1.2 增长极理论

1. 理论内涵

最初提出增长极理论的是法国经济学家弗朗索瓦·佩鲁（1950），后来，区域经济的学者们将地理和空间的概念融入佩鲁的增长极思想中，就这样，区域经济增长极的非均衡理论就产生了。

20世纪50年代，佩鲁发表一系列论文论证了经济增长不是遵循均衡路径，而是发源于一个推动型的经济部门，这个经济部门具有和其他经济部门相比更大的优势，更强的经济增长潜力，通过超过平均水平的增长并通过同其他部门的紧密联系，扩展到其他经济部门，从而对整个经济产生影响。佩鲁的经济增长极概念的原始含义比较迷糊，他是从企业和产业的纯经济概念阐述经济的极化。后来，法国学者布德维尔和其他经济学者一起将"增长极"的概念引入地理空间，并提出"增长中心"的空间概念，从而使增长极有了确定的中心区域的地理位置的理念。

2. 主要观点

增长极理论的主要观点可以总结为以下几个方面。

（1）增长极的纯经济观点。佩鲁认为经济增长首先发生在规模巨大、创新优势明显、和其他经济部门联系紧密、有强劲增长势头的某一经济部门。这一经济部门通过积极的内部效应和外部效应，以及创新两个方面降低单位成本，从而扩大相对于其他经济部门的优势。然后，再通过对优势经济部门的扩张，将增长的刺激辐射到其他经济部门，从而推动整个经济部门的增长。

佩鲁认为，在经济主体的优势规模中，其创新能力是一个至关重要的因素。优势经济主体通产品创新和生产过程的创新，保持其相对于其他经济部门的领先地位，这种领先地位在熊彼特的创新理论中表现为较高创新能力引发的较高的垄断利润。较高的垄断利润又使得优势部门具备继续创新的投资，创新过程会以这种方式得到进一步强化，从而推动优势部门的优势集聚。

（2）增长极的空间观点。经济学家布德维尔和其他经济学者一起等将佩鲁的部门经济的极化理论扩展和应用到一个空间单位（区域、国家）的经济增长和发展问题中来，也就是具有了区域增长极的理念。1966年布德维尔指出"增长极是指在城市区域配置的不断扩大的工业综合体，并在其影响范围内引导经济活动的进一步发展。"[①] 从而指出增长极中的"极"是位于城镇或其附近的中心区域。这样，增长极包含两个明确的内涵：一是作为经济空间上的某种推动型产业的部门增长极；二是作为地理空间上的产生集聚的空间

[①] Boudeville J R. Problem of Regional Economic Planning [J]. Edinburgh University Press, Edinburgh, 1966（6）：22-26.

增长中心。增长极具有了"推动"与"空间集聚"双重意义上的增长。

（3）增长极对周边地区的作用机理。增长极需要具备良好的发展历史、较强的技术创新能力和发展能力、能源原料等区位优势资源等三个优势。经济的增长率先发生在增长极上，然后通过支配效应，乘数效应，以及扩散效应等方式向外扩散，从而影响整个区域经济的发展。由此来看，增长极一定要落实到具体的地域空间。

瑞典经济学家缪尔达尔20世纪50年代研究了中心区和边缘区之间相互作用的关系，认为存在着两种效应作用：扩散效应和回波效应；赫希曼用的是涓滴效应和极化效应。扩散效应或涓滴效应是指中心区为保证自身发展，从边缘区域购买原材料，向边缘区域输出资本设备和技术，它对边缘区域形成积极的推动，把发展的刺激在空间上积极向外扩散。回波效应或极化效应是指发达地区凭借自身的优势，吸引边缘地区的要素和资源不断流入，导致边缘区域的进一步衰落和边缘化。对于一个区域而言，经济发展趋向于均衡还是极化要看这两种效应的强弱对比关系，缪尔达尔始终认为无论从短期还是长期，回波效应会占主导，落后的边缘地区会更加贫穷。他提出了要消除这种不均衡，必须从制度方面进行重大的调整和改革。

增长极的引申者们认为落后地区通常具有广阔的地域和较为丰富的自然资源，但是，其初始的技术基础薄弱、自然地理条件较差，开发程度较低，区域内主要生产是第一产业和制造业；中心城市数量少、分布分散且规模不大，缺乏能带动全区发展的中心城市，城市功能也以行政功能为主。在建设资金匮乏，基础设施投资规模大的条件下，对这些落后地区就应该采取不平衡区域发展战略，配置一两个规模较大、增长迅速，且具有较大地区乘数作用的区域增长极，实行重点开发。随着时间的推移，进一步和周边区域形成生产要素的充分交换，在促进自身增长的同时，以不同的方式和规模让周边区域分享其增长的成果。

3. 理论评述

增长极理论打破了经济均衡分析的传统观点，为区域经济发展理论的研究提供了新的思路。这种经济发展模式适用于地区经济有丰富的资源，但是物质条件较差，开发程度低，区内中心城市数量少、规模小，经济功能差，不能带动区域经济的发展的地区。

20世纪70年代后期,增长极理论遭到经济学家的非议,但是90年代初又再度被关注,学者们进一步发展这一理论,提出全球新区域主义、孵化器理论、竞争优势和合作优势的增长极战略等理论。增长极理论被广泛应用于区域规划和区域实践中,60年代法、英、意、巴西、印度等许多国家都曾以增长极理论作为区域规划的指导并取得过成功。国内的区域经济发展在增长极理论上有所实践,目前中国区域经济发展有三大经济增长极,以上海为中心城市辐射周边的长三角经济增长极、以深圳和广州为中心城市辐射周边的珠三角经济增长极、以北京和天津为中心城市辐射带动周边的环渤海经济增长极,这三大经济增长极引领着中国经济的发展。

但是,佩鲁的增长极理论中经济增长较快的城市或区域,会形成对周边地区不对称的资源、人才、资本的吸纳现象。当增长极依靠自身优势形成了相对周边地区的创新产业,有较高劳动生产率的部门就会在不断扩张市场份额的同时,提高资本的收益率和工资水平,结果会使周边相对落后地区的资本和人才源源不断流向增长极,表现出对周边相对落后地区的剥夺。所以,增长极对周边地区的经济发展既有正面影响,也有负面影响。

2.1.3 空间集聚和空间扩散理论

1. 理论内涵

空间集聚是通过经济活动在空间上的集中而产生的额外的经济利益,这一经济利益也被称为集聚经济。集聚经济是吸引经济活动向某一地区靠近的"向心力",是城市形成和扩大的基本力量。空间扩散是指资源、要素和部分经济活动等在地理空间上的分散趋向与过程,是经济活动由一个空间区域向外的"离心力"。

2. 主要观点

(1) 空间集聚理论。早期的区位论学者对于各种经济活动空间集聚现象都有所研究,典型的如农业区位论、工业区位论等。其中,韦伯的工业区位论将集聚因素作为影响区位的重要因素。

区域经济学家指出集聚是指经济活动在地理空间上的集中趋向与过程。经济活动之所以在空间上发生集聚，来源于三个方面的动力：一是经济活动的区位指向；二是经济活动的内在联系；三是经济活动对集聚经济的需求。由于这三大集聚经济动力的存在，集聚形成成为必然，集聚过程形成之后，就会形成促进集聚的力量，使得集聚过程进一步加速。

现代区域经济学理论认为，区域经济活动的空间集聚，是由于集聚经济在相应的社会、经济和技术等条件下能产生巨大的经济效益，[①] 这些经济效益表现在集聚能促进分工的细化和专业化程度的提高，从而降低生产成本，提高劳动生产率；能减少关联产品间的运输距离、转移费用和信息费用，降低运输成本；有利于形成高效运行的基础设施和公共服务网络，包括现代经济发展需要的金融、保险、信息、咨询等高层次要素的共享，这些都能形成巨大的外部经济溢出效应，有利于形成发达的劳动力、技术、资金、信息市场；能产生巨大的现实市场和潜在市场，有利于技术的革新和产品的更新。总之，由于集聚经济在生产成本、协作成本、外部经济、劳动力供应、市场扩大和促进创新这些方面能创造巨大的经济效益，所以学者们认为规模集聚的区域空间结构形式，能对资源进行高效和最优的配置。

（2）空间扩散理论。增长极理论研究经济增长中的扩散和回流的问题。之后，经济学家对于扩散理论进行了拓展分析和论述，将扩散理论推进到空间概念。

区域经济学家对空间扩散的影响因素进行了研究。他们认为空间扩散成功的主要影响因素是创新的发源地、选定的扩散中心和周密的扩散战略。其中，创新大多数产生于集中了资本和研发的中心地等级体系最高的大城市中，这样的大城市通常就被选作扩散的中心，空间扩散就是通过大城市为中心的城乡网络促进创新的扩散，而周密可行的扩散战略对创新的扩散具有重要的意义。除此之外，基础设施是创新扩散的物质基础，任何创新的扩散都要凭借一定的基础设施来实现。另外，人才、区域外的先进技术等都至关重要。学者们还认为，空间扩散并不总是通畅的，它会受到来自于山、河、

---

① 励惠红. 长三角医药产业带形成对宁波医药行业发展的影响 [J]. 宁波经济（三江论坛），2005（3）：33–35.

湖等自然障碍；语言、种族、宗教的文化障碍；年龄、阶级、性别、社会经济地位等社会障碍和意识形态等障碍的阻碍，通常会随着空间距离的增加而衰减。

区域经济学家还将空间扩散的形式分为传染式扩散、等级扩散、重新区位扩散。1953年瑞典经济学家哈格斯特朗首次提出了空间扩散问题，并指出了空间扩散的三种形式：一是传染式扩散，是指一种经济现象从一个源生点向外发生渐进的、连续的空间扩散，如城市对周边农村的影响；二是等级扩散，主要是指新思想、新技术等要素会越过紧邻的小城市扩散到同社会等级、城市规模等级的城市；三是重新区位扩散，是指原有接受者的空间位移，如移民过程的扩散。

英国地理学家哈格特后来将城市之间、城市与所在区域之间的现代空间扩散划分为对流、传导、辐射三种类型方式。对流是指人口和物资的流动，扩散、决策、移民、投资是具体的有形的物质传达；传导是各种财政的交易过程，是无形但等同的交割；辐射是指信息、政策、思想、技术的逐级传播。

3. 理论评述

区域空间结构是在空间集聚和空间扩散的作用下形成和发展的。空间集聚和空间扩散是制约区域空间结构形成与发展的重要机制。在区域空间结构形成的初期，集聚机制起着主导作用，从而引发区域内部发生空间分异。在区域空间结构的发展时期，集聚机制的作用逐渐减缓，扩散机制逐渐发挥作用。当区域空间结构进入成熟期，集聚机制与扩散机制同时作用，其表现形式和程度较为复杂，一般来说扩散机制的作用强于集聚机制。[①]

中国区域经济发展的实际中，也存在着空间集聚和空间扩散的问题，中心区和腹地如果能较好地发挥两种机制作用，中心区就会带动整个区域的经济发展；但是，如果集聚机制大于空间扩散机制，周边的腹地就会受到中心区的剥夺，不利于腹地地区区域经济的发展。

---

① 高燕. 基于信息化的区域经济非均衡协调发展 [D]. 成都：四川大学, 2006.

2.1.4 中心—外围理论

1. 理论内涵

中心—外围理论是 1949 年由阿根廷经济学家劳尔·普雷维什提出的用来描述当时国际贸易体系中西方资本主义国家和发展中国家的对峙情况。后来，在 1966 年美国经济学家弗里德曼将这一理论模式引入到区域经济学领域，研究区域经济空间结构的发展模式。中心—外围理论是指在经济社会活动的空间集聚必然在一定区域中形成一定的中心区（也就是结节点），每一个中心区都有一个影响区，也就是吸引区，被称作是外围区。中心与外围区域之间存在着扩散和交流的基本关系，共同组成一个完整的空间系统。

2. 主要观点

弗里德曼认为，任何国家的区域系统都是由中心和外围两个子空间系统组成，二者共同构成一个完整的二元经济结构。资源、市场、技术和环境等的区域分布差异总是客观存在的，当某些区域的空间聚集形成累积发展之势时，就会获得比其外围地区强大得多的经济竞争优势，形成区域经济体系的中心，也就是中心区域。[①] 中心区域一般是工业发达、技术水平高、资本集中、人口密集、经济增长速度快的城市或城市聚集区，包括像大都会区、区域中心城市等。作为空间系统的基本结构因素，中心区域一方面从外围汲取劳动、资本、技术、信息等要素，产生大量的技术、产品等方面的创新；另一方面又将创新连续地向外围区扩散，引导外围区的经济、社会和文化不断发展，从而促进整个空间系统的发展。

外围区相对于中心区，处于依附地位而缺乏经济自主。因此，经济发展必然伴随着各生产要素从外围区向中心区的净转移，从而出现了空间二元结构，并随时间推移而不断强化。但当经济持续增长进入一定阶段后，政府的作用和区际人口的迁移将影响要素的流向，并且随着市场的扩大、交通条件

---

① 资料来源：http://wiki.chinaemba.cn/index.php?doc-view-5631.html

的改善和城市化的加快，中心与外围的界限会逐步消失，区域经济的持续增长最终将使各区域的优势充分发挥，推动空间经济逐渐向一体化方向发展。

中心—外围理论还提出，不同层次的空间系统通常会受到外部影响，因此，一个区域可能会扮演着双重角色，一方面是高层次中心的外围区，另一方面是较低层次区域的中心区，这样不同层次的空间系统实际上是相互嵌套的，从而形成等级扩散的传播网络。随着整个空间系统的整体发展，上一级的外围区会升级到下一级的中心区，这种空间结构的逐级逐层转换，可以推动整个空间系统的整体发展。

该理论还把增长极模式与各种空间系统发展相融合，认为经济活动的空间组织中，通常具有强烈的极化效应与扩散效应，中心区和外围区相互依存机制的形成，是通过中心区自身经济的不断强化，而形成对外围区的支配态势。一方面，中心区通过向外围区输送商品，吸引外围区的资本、劳动力等要素从而对其他地域外围区产生着极化作用，并增强中心区的累积效应；[①]另一方面，中心区又通过向外围区的创新扩散、信息传播和产业关联效应等带动外围区域经济发展。由于中心区的存在，外围地区的集聚和发展受到抑制，且整个空间经济受作为中心的城市支配，这样就构成了中心—外围结构。弗里德曼还较为深刻地刻画了中心—外围结构模式，从一般意义上把它分解为四个部分：中心增长区，向上转移地带，向下转移地带，资源边际区。同时弗里德曼也认为中心区和外围区的地位并不是静态的，当中心区将其创新和优势扩散到外围区时，中心区会由于失去进一步创新能力，导致新的中心区在外围出现。弗里德曼认为区域经济体系的持续增长将推动空间经济向一体化方向发展。

3. 理论评述

目前，区域经济学上已经形成了成熟的"中心—外围"理论。该理论认为在考虑区际较为长期非均衡演变趋势时，经济系统空间结构分为中心和外围两部分，二者共同构成了二元空间结构。中心区发展条件优越，经济效益高，处于支配地位；外围区发展条件较差，经济效益较低，处于被支配地位。

[①] 祝怀刚. 农村城镇化研究述评 [J]. 山地农业生物学报，2005（10）：76–78.

经济发展必然使得各生产要素从外围区系那个中心区净转移。在经济发展初期，二元结构明显，表现为一种单核结构，随着经济发展进入较高阶段，单核结构逐渐发展为多核结构，当经济持续增长，随着政府政策干预，中心和外围的界限会逐渐消失，各区域优势充分发挥，经济全面发展，走向一体化。

该理论对于目前我国很多区域协调发展的现实具有很重要的指导意义，对制定区域经济发展政策也具有一定的指导意义。但该理论中关于二元区域结构随着经济持续增长消失的观点值得质疑。后来，经济学家克鲁格曼、藤田昌久在弗里德曼中心—外围框架的基础上建立了中心—外围的数理模型，进一步发展了中心—外围的不平衡发展理论。目前，中心—外围理论主要应用于解释城市与乡村的关系、国内发达地区与落后地区的关系、发达国家与发展中国家的关系中。

2.1.5 区域经济梯度理论

1. 理论内涵

20世纪60~70年代，区域经济学家克鲁默、海特等人，在赫克曼、威廉姆斯的不平衡发展理论和美国哈佛大学弗农等人的工业生产生命循环阶段论的基础上创立了区域经济发展梯度理论。从生产力布局开始，梯度就被广泛应用于表现地区间区域经济发展水平的差别，以及由低水平向高水平地区过度的空间变化历程。区域经理发展梯度理论是指由于自然条件、社会、经济基础的不同，各国或各地区经济都带有不平衡发展的特征。经济发展水平与潜力呈现由高到低的一定梯度排列，有梯度就有空间推移。在经济发展过程中，要从梯度的实际情况出发，首先发展那些有潜力、经济水平较高的高梯度地区，然后逐步依次向二级梯度、三级梯度的地区推移，随着经济的发展，推移的速度加快，可以逐步缩小地区间的差距，实现经济分布的相对平衡。[①]

---

① 闫志英. 从梯度推移理论看西部大开发战略 [J]. 理论探索，2004 (5): 68 – 69.

2. 主要观点

区域梯度转移理论认为，区域经济发展是不平衡的，每个地区都处于不同的经济梯度上。区域经济的发展取决于其产业结构的状况，而产业结构的状况又取决于地区经济部门，特别是其主导产业在工业生命周期中所处的阶段，因此，产业结构的优劣是区域经济盛衰的主要因素。通常，如果一个区域的主导专业化部门主要由处在创新阶段的兴旺部门组成，说明这个区域经济实力雄厚，为高梯度地区；如果一个区域的主导专业化部门主要由处在成熟阶段后期或衰退部门组成，则这个区域经济处于低梯度地区。

区域经济梯度转移的动力来源于高梯度地区的创新。由于大多数高梯度地区先进行持续不断的创新活动，这在客观上就会与落后产业的低梯度地区形成落差，随着时间的推移、生命循环阶段的变化，高梯度地区成熟或衰退的产业、技术逐渐按顺序向低梯度地区转移，由此形成梯度推进格局，推移的方式由高至低有序推移。

区域经济学家还认为，梯度推移主要是通过多层次的城镇系统逐步转移的。新技术、新产品甚至新的产业在地域空间上的推移，有局部范围的推移和大范围的推移两种情况。局部范围的推移指的是由创新源地大致按由近至远的形式，向经济联系比较密切的邻近城镇转移。大范围的推移指的是由创新源地按城镇等级系统，跳跃式地向全国或更广阔的地域转移。

区域经济学家后来对梯度理论进一步拓展，提出了该理论的动态表象，认为梯度推进过程，是动态上产生极化效应、扩散效应共同作用的结果，这不仅使经济向高梯度地区进一步集中，对周围地区起支配和吸引作用，而且还带动周边地区的经济发展。其中，发达的、处于高梯度的地区会通过强大的科技实力、便捷的交通和通讯联系、完备的基础设施和协作条件、丰厚的资本等对新兴行业具有更强的吸引力，这些新兴行业会通过规模经济效应、乘数效应的作用有力推动高梯度地区的经济发展，这种极化效应作用的结果会使经济进一步向条件好的高梯度地区集中。在极化效应作用的同时，扩散效应也在起作用。随着城市与城市带发展梯度上升，周围地区的经济也会在它的带动下有不同程度的提高。没有扩散效应的配合，极化效应是不可能进一步加强的。在扩散效应作用下，那些处在较低发展梯度上的国家与地区的经济可以得到较快发展。但是，当处在高梯度发达地区在极化效应作用下投资环境、就业机会等竞争力日益提高时，就会与处在低梯度的地区相比具有更大的优势，此时会出现和扩散效应相对立的回流效应，回流效应会在资金形成、劳动力流动、竞争能力方面削弱和遏制低梯度地区的发展，增强高梯度地区的进一步发展。这三种力量综合作用的结果会不断扩大发达地区与不发达地区之间的差别，造成了地区间的两极分化。我国学者李具恒、李国平（2004）还提出了广义梯度理论，并建立了广义梯度及结构模型，丰富了原有的区域经济梯度理论。

3. 理论评述

区域经济发展梯度理论主张发达地区应首先加快发展，然后通过产业和要素向较发达地区和欠发达地区转移，从而带动整个经济的发展。区域经济梯度理论经历了静态梯度推移理论、动态推移理论和广义梯度推移理论等，我国在改革开放之后逐渐引入不平衡发展理论的思想，进而沿用梯度理论指导整体经济的区域划分及区域经济各自的发展方向。[①] 例如，中共十七大报告提出的"深入推进西部大开发"，就是广义梯度理论对西部开发实践的指导，要求西部地区要积极接纳发达国家和地区（港澳台、东部）的梯度推移，也要推动西部各中心城市向周边地区的梯度推移，也就是对于不同经济发展水平的地区应实施不同的开发模式，并坚持实施经济发展和环境保护的协调发展战略。[②] 中国区域经济发展的实际中，也存在着扩散效应和回波效应的问题，中心区和腹地如果能较好地发挥两种效应，中心区就会带动整个区域的经济发展；但是，如果回波效应大于扩散效应，周边的腹地就会受到中心区的剥夺。京津冀经济增长极中作为腹地的河北省目前在北京和天津两大中心城市的周边地带出现的贫困带问题，值得关注。

在进入21世纪，区域经济发展梯度推移理论的局限性逐渐显现，经济学

---

① 张颖，邱映贵，陈波. 高新区品牌塑造SWOT分析与对策——以武汉东湖高新区为例[J]. 现代商业，2012（1）：191 – 192.

② 李具恒，李国平，基于广义梯度理论的西部发展战略新模式[J]. 开发研究，2004（12）：1 – 3.

李刚. 广义梯度理论在皖北地区经济发展实践中的应用[J]. 中国证券期货，2011（3）：115 – 116.

学者们为这一理论赋予了新的内涵,一方面坚持在科学发展观的指导下研究我国区域经济不同发展阶段的个性化特征,揭示我国经济社会发展的梯度性规律;另一方面,在区域经济梯度理论的研究过程中更加注重人与自然、人与社会、人与人、人与自身的问题。

2.2 文献综述

对京津冀协同发展中的河北省经济策略问题展开研究,必须先对国内外已有的研究进展进行梳理,因此,本书主要从区域经济协同发展研究和京津冀发展关系研究的相关文献进行梳理,鉴于对京津冀协同中京津冀发展关系问题的研究鲜有国外学者进行研究,因此,关于京津冀发展关系的文献主要是国内学者的综述。

2.2.1 区域经济协同发展

区域经济协同发展作为区域经济系统自组织的产物和效应,成为理论界和实务层关注的焦点话题。目前,国内外学者关于区域经济协同发展的研究重点集中于区域经济协同发展的动力机制、现存问题、区域经济协同与产业发展、城市发展、物流发展及其区域与区域之间的经济协同发展等六大方面。

1. 区域经济协同发展的动力机制

区域经济协同发展问题首先涉及的就是区域经济合作的相关问题,在这方面的研究中,国外学者施拉姆(Sehramm,1986)对区域经济合作与经济增长的关系展开了全方位的论述,指出区域经济合作已成为发展中国家取得经济发展的关键性要素。[1] Giok – Ling(1995)和马必胜(Mark,2010)分别以印度尼西亚—马来西亚—新加坡三角区域、中国与东南亚地区的协作关系

---

[1] Sehramm G. Regional Cooperation and Economic Development [J]. The Annals of Regional Science, 1986, 20 (2): 1 – 16.

探讨了区域经济合作的基本要义和运行的逻辑体系,并指出其内在的战略意义。[1][2] 而具体到区域经济协同发展的动力机制,国内外学者也有着持久且热切的关注,国外学者迈克尔(Michael et al.,1997)对经济子系统间交互层次的双向协同机制进行翔实的分析论证,并通过建立分块矩阵模型,指出经济子系统间所存有的五项作用反馈机制。[3] 国内学者冷志明(2007)认为在协同发展的理论机制建设过程中,应以动力机制、组织机制等五大机制为核心来进行。[4] 李琳,刘莹(2014)从整体上基于哈肯模型的分阶段实证研究对中国区域经济协同发展的驱动因素进行分析,认为区域协同发展的驱动因素重点体现在区域比较优势、区域经济联系和区域产业分工等主要层面,并指出不同发展阶段所具有的不同的驱动机制。[5] 邱少明(2011)以江苏省为例,探讨了五重维度下江苏区域经济协同发展的内驱机制,重点包括异地城镇化、协同信息化等内容,为江苏实现区域经济协同发展提供良策。[6] 然而,刘英基(2012)却认为中国区域经济协同发展的内在运行机制仍旧处于探索性的发展阶段。[7] 已有的研究对区域经济协同发展的动力机制进行分析探究,也得出应有的研究结论,这为本文的顺利开展奠定了坚持的实践基础。

2. 区域经济协同发展的现存问题

在政府的引导和推动下,区域经济发展已取得明显的内在成效,促进了部分区域的合作与协同发展,然而,在区域经济协同发展的具体实践中,仍

---

[1] Giok – Ling Ooi. The Indonesia – Malaysia – Singapore Growth Triangle:Sub-regional Economic Co-operation and Integration [J]. Geo Journal,1995,36(4):337 – 344.

[2] Mark Beeson. Asymmetrical Regionalism:China, Southeast Asia and Uneven Development [J]. East Asia:An International Quarterly,2010,24(4):329 – 343.

[3] Michael S,et al. Synergetic Interactions within the Pair-wise Hierarchy of Economic Linkages Sub – Systems [J]. Hitotsubashi Journal of Economics,1997,38(2):183 – 199.

[4] 冷志明. 中国省际毗邻地区经济合作与协同发展的理论基础及运行机制研究 [J]. 科学 – 经济 – 社会,2007,25(2):25 – 29.

[5] 李琳,刘莹. 中国区域经济协同发展的驱动因素——基于哈肯模型的分阶段实证研究 [J]. 地理研究. 2014,33(9):1603 – 1616.

[6] 邱少明. 五重维度下江苏区域经济协同发展的内驱机制 [J]. 决策咨询. 2011,21(1):27 – 31.

[7] 刘英基. 中国区域经济协同发展的机理、问题及对策分析 [J]. 理论月刊,2007,33(3):126 – 129.

存在着各式各样的发展问题,对于此问题,国内外学者给予了充分的研究。国外学者洛伊索(Loizou et al.,2000)通过采用环境投入—产出模型对区域经济发展所带来的生态环境负面影响做出分析,并提出应对之策,为区域经济协同发展奠定了良好的操作基础。[1] 福斯特(Foster,2005)基于简单到复杂的经济运行系统,探讨了区域经济协同发展中的基本问题,认为未来区域经济协同发展必须要实现自身内部和外部的匹配性,方可达成更高层次的协同。[2] 国内学者马广林、刘俊昌(2005)对中国区域经济协同发展中的现实问题进行解析,主要从政府干预产生的问题和文化与思想观念障碍产生的问题两大层面进行全面梳理,并指出转变政府职能、消除行政和制度性障碍则是重要的解决思路。[3] 罗贞礼(2011)基于协同学理论和地域分工等理论考察了边缘区域经济协同发展的实践体系,认为由于边缘区接受核心区辐射机会和能力相对偏小,存在着投资成本不经济的现实问题,如何化解这些已有问题,就需要构建边缘区自身的发展特征,促成由行政区经济向经济区经济的转变。[4] 伴随着时间的推移和研究的深化,刘英基(2012)认为中国区域经济之所以难以协同发展,其原因重点还在于缺乏有效的合作机制和有效的市场体系,同时,滞后效应也是造成区域经济不平衡和区域经济不协同的重要因素。[5] 具体到单个研究区域,谢志忠、赵莹等(2010)对福建省区域经济协同发展存在的问题进行阐述说明,认为在福建省区域经济协同发展中存在着各地市地区生产总值差异大、经济总体发展不协调、基础建设重复布局区域产业结构趋同等现实问题,并从历史因素、自然因素、政策因素及社会

---

[1] Loizou S, Mattas K, Tzouvelekas V, et al. Regional Economic Development and Environmental Repercussions: An Environmental Input-output Approach [J]. International Advances in Economic Research, 2000, 6 (3): 373 – 386.

[2] John Foster. From Simplistic to Complex Systems in Economics [J]. Cambridge Journal of Economics Volume, 2005, 6 (1): 873 – 892.

[3] 马广林,刘俊昌.中国区域经济协同发展中存在的问题及对策研究 [J].经济问题探索, 2005 (5): 25 – 29.

[4] 罗贞礼.边缘区域经济协同发展理论与实践体系研究 [J].贵州社会科学,2011,253 (1): 74 – 77.

[5] 刘英基.中国区域经济协同发展的机理、问题及对策分析 [J].理论月刊,2007,33 (3): 126 – 129.

因素等方面予以解析。① 明确区域经济协同发展中的现存问题有助于为京津冀协同发展提供参考依据,京津冀协同发展中如何打破这些体制机制性的障碍和各式各样的社会问题,进而为河北省区域经济发展献计献策,应当是未来京津冀协同发展中的重大任务,也是国家的战略趋势所需,具有重要的理论价值和现实意义。

3. 区域经济协同与产业发展

近期中央政府采取多种措施推进区域经济协同发展,指出未来区域政策体系将不断完善,并呈现出更加细化、实化和差别化等特征(赵静扬,2014)②。而如何实现区域经济协同与产业的联动发展将成为诸多学者关注的内容。国外学者奥兰(Ohlan,2013)分析农业、工业及基础设施业三个行业和四个地区的社会—经济系统发展,并对比分析不同区域间的内在差异性。③ 国内学者綦良群、孙凯(2007)应用协同学理论并结合耗散结构理论,分析了高新技术产业和传统产业协同发展机理,并将其应用于东北老工业基地振兴,提出了促进和保障东北老工业基地高新技术产业和传统产业协同发展的机制。④ 刘本玲,马有才(2010)探讨了高新技术产业集群与创新型城市协同发展的原理和机制,认为高新技术产业集群与创新型城市建设协同发展是创新型城市可持续发展的根本途径。⑤ 卢启程(2010)以云南都市型农业为例,全面阐述了都市农业与生态城市的协同发展之间的内在关系,认为两者间具有共同效果、互补效果和同步效果的协同关系。⑥ 随着研究的逐步深化和研究内容的推进,綦良群、王成东(2012)另辟蹊径,全面构建了基于分

---

① 谢志忠,赵莹,刘海明,黄初升. 福建省区域经济协同发展的现状与趋势分析 [J]. 福建论坛·人文社会科学版,2010(11):145-150.
② 赵静扬. 区域经济协同发展需培育龙头产业 [N]. 中国证券报,2014-06-13.
③ Ohlan R. Pattern of Regional Disparities in Socio-economic Development in India: District Level Analysis [J]. Social Indicators Research,2013,114(3):841-873.
④ 綦良群,孙凯. 高新技术产业与传统产业协同发展机理研究 [J]. 科学学与科学技术管理,2007,27(1):118-122.
⑤ 刘本玲,马有才. 高新技术产业集群与创新型城市协同发展研究 [J]. 科技进步与对策,2010,26(15):71-73.
⑥ 卢启程. 都市农业与生态城市的协同发展——以昆明市发展都市农业为例 [J]. 云南财经大学学报(社科版),2010,7(3):83-86.

形理论和孤立子思想的产业协同发展组织模式，研究设计出产业间协同发展组织模式的实现方式及保障机制，① 这为产业推动区域经济协同发展奠定基础。李高扬（2012）基于可持续的发展观点，对房地产业与区域经济协同发展进行探讨分析，并给出了区域经济可持续发展对房地产投资的内在要求，使得房地产的合理有效发展推进区域经济可持续发展。② 贺玉德，马祖军（2014）基于协同学自组织角度，以四川省为例，分析了产业转移下区域物流与区域经济协同度的关系，结果表明，协同中具有阶段特点，协同度在融合冲突中上升。③ 全面透彻地明确区域经济协同与产业发展之间的逻辑关系，为区域经济协同发展指明了方向，这也告诫我们，在未来区域经济的协同发展中，必须将产业发展放在更为突出的重要位置。在京津冀协同发展中，更需要明确三区之间的产业梯度差，也才能为河北省区域经济发展提供产业策略。

4. 区域经济协同与城市发展

城市作为区域经济发展的增长极，在区域经济发展中发挥着重要的作用，能够有效促进区域经济高效协同。在这方面学者们也展开了相应的研究，国外学者 Sakashita（1995）和夏马尔（Sharma, 2003）认为城市成长的动力来自于制造业为主的工业发展和农业人口的剩余，两者分别构成城市成长的内部拉力和外部推动，④⑤ 这是区域协同发展的重要因素。国内学者陈迪（2006）在分析区域协同发展的基础上，从基于 PERE（人口、资源、经济、环境）系统的区域协同视角对城市成长的内涵、动因进行了重新阐释并提出

---

① 綦良群，王成东. 产业协同发展组织模式研究——基于分形理论和孤立子思想 [J]. 科技进步与对策，2012, 28 (16): 40 – 44.

② 李高扬. 可持续视阈下房地产业与区域经济协同发展研究 [J]. 当代经济，2012, 26 (2): 64 – 65.

③ 贺玉德，马祖军. 产业转移下区域物流与区域经济协同度分析——基于四川省的实证研究 [J]. 管理现代化，2014, 33 (1): 99 – 101.

④ Sakashita N. An economic theory of urban growth control [J]. Regional Science and Urban Economics, 1995, 25 (4): 427 – 434.

⑤ Sharma S. Persistence and stability in city growth [J]. Journal of Urban Economics, 2003, 53 (2): 300 – 320.

了相关建议。① 陈玉和等（2006）认为区域经济可持续发展应基于城市间的资源禀赋，实施差异互补，追求协同发展。② 朱英明、张雷（2008）采用"多维乘数法则"对长三角二级城市群的综合竞争力进行评价，提出了促进长三角二级城市群间综合竞争力协同增强的根本途径。③ 高玲玲（2015）运用主成分分析法建立反应中心城市和区域经济协同度的指标体系，并进行实证研究，结果表明协同度对我国区域经济增长有着重要的正面影响。④ 学者们对区域经济协同与产业发展的全面探究，在部分程度上能够将两者完美地结合起来，有助于实现区域经济的协同联动发展。在京津冀协同发展中，如何将京津两大核心城市与周边区域的城市联动，推动河北省各城市的高质量发展进而达成河北省整个大区域的经济前进，将成为未来京津冀协同发展中的艰巨任务。

5. 区域经济协同与物流发展

区域经济的快速发展对区域物流产生巨大的需求，区域物流的高效发展也能够为区域经济的协同发展贡献力量，两者间存在着紧密的联系。对于两者间的内在关系和应有机制，学者们也展开了相应的分析和论述。闫秀霞、孙林岩（2005）通过结构方程模型对区域物流能力与经济协同发展的关系进行分析，指出区域物流运作能力和关系能力的提高，在一定程度上能够提升区域经济的竞争。⑤ 郭湖斌（2007）认为区域经济结构决定了区域物流的结构及总量的增长、区域物流对区域经济发展具有明显的促进作用，指出两者之间呈现出一种相互促进的协同发展关系。⑥ 具体到各个研究区域，学者们也对其展开热切探讨，王小丽（2011）对河南省的区域物流能力与区域经济协同发展进行研究，对影响河南省区域物流能力的四大主要因素进行了分析，

---

① 陈迪. 基于 PRER 区域协同发展的城市成长 [J]. 现代城市研究, 2006, 20 (11): 56 - 61.
② 陈玉和, 吴士健, 田为厚. 区域经济可持续发展的差异互补与协同 [J]. 青岛科技大学学报, 2006, 23 (2): 1 - 4.
③ 朱英明, 张雷. 城市群竞争力的区域分异研究——基于长三角二级城市群的视角 [J]. 技术经济, 2008, 27 (5): 8 - 14.
④ 高玲玲. 中心城市与区域经济增长：理论与实证 [J]. 经济问题探索, 2015, 35 (1): 76 - 81.
⑤ 闫秀霞, 孙林岩. 区域物流能力与区域经济协同发展研究 [J]. 经济师, 2005 (3): 257 - 259.
⑥ 郭湖斌. 区域物流与区域经济协同发展研究 [J]. 物流科技, 2008, 31 (7): 83 - 86.

并提出了区域物流信息协同平台的构建框架。① 任伟,阚连合,张忠鹏(2013)以河北省为例,运用灰色关联度模型,对其港口物流与区域经济协同发展进行阐述,从发展河北省特色物流业务等五大方面提出相应的规划建议。② 贺玉德、马祖军(2015)以四川省为例,基于CRITIC-DEA模型,对其区域物流与区域经济协同发展进行评价讨论,并分阶段对其演变趋势进行说明,提出相应的政策建议。③ 徐玲玲、李文君(2015)以系统协同理论为基础,对重庆保税区的物流能力与区域经济协同发展进行分析,认为重庆保税港区港口物流与区域经济是协同发展的,但存有协同度偏低的现实问题。④ 总的来看,物流发展与区域经济协同之间存有紧密的内在机制,一方面要强化物流基础设施和物流设备配置来强化区域经济协同能力的提升;另一方面也要通过区域协同发展能力提升来强化物流能力,实现两者的高度耦合,这也为京津冀协同发展提供了新的发展良策借鉴。

6. 区域与区域之间的经济协同发展

区域与区域之间的经济协同发展也成为学术界所关注的内容,特别是在京津冀协同发展的社会大背景下,如何实现区域之间的经济协同发展则显得更为重要。钱亦杨、谢守详(2004)在界定都市圈概念的基础上,指出区域内以中心城市为核心、以发达的联系通道为依托,吸引辐射周边城市与区域,并通过城市之间的相互联系与协作,带动周边地区经济社会的协调发展和对经济区域实施有效管理。⑤ 沈玉芳、刘曙华(2008)从产业升级与城镇空间组织模式协同的视角研究了长三角七大都市圈间的发展现状,强调各都市圈

---

① 王小丽. 河南省区域物流能力与区域经济协同发展研究 [J]. 江苏商论,2011,27 (4):94-95.

② 任伟,阚连合,张忠鹏. 河北港口物流与区域经济协同发展浅析 [J]. 物流技术,2013,32 (1):166-168.

③ 贺玉德,马祖军. 基于CRITIC-DEA的区域物流与区域经济协同发展模型及评价——以四川省为例 [J]. 软科学,2015,28 (3):102-106.

④ 徐玲玲,李文君. 重庆保税港区港口物流与区域经济协同发展研究 [J]. 重庆理工大学学报,2015,8 (6):22-26.

⑤ 钱亦杨,谢守详. 长三角大都市圈协同发展的战略思考 [J]. 商业研究,2004,18 (4):4-7.

相互联系且相互影响,协同规划是关键。[①] 冷志明(2005)指出打破封闭、树立区域形象是实现省区交界地域经济协同发展目标的必然选择,并进一步指出区域产业协调是区域与区域之间最主要的经济协调形式,主要包括商品流、资金流和信息流等各项地区之间的经济活动。[②] 彭荣胜(2007)指出经济后发区域由于发展滞后引致了区域消费结构断裂,同时后发区域在劳动力供给方面也桎梏了先发区域的经济增长,因此,先发区域应当在区域经济协同发展战略中承担更多责任,才能保证经济先发区域与经济后发区域的协同发展,进而有利于经济的可持续发展。[③] 随着研究的逐步推进,苗长虹、张建伟(2012)利用演化理论探索了我国城市合作模型,指出城市合作的本质之一是追求更大规模和层次的聚集效应及协同效应,城市间的协同合作有助于提升大区域的经济效率。[④] 明确区域与区域之间的经济协同发展关系对于京津冀协同发展中的河北经济运行具有显著地理论价值和现实意义,也将成为未来关注的焦点内容。

2.2.2 京津冀协同发展

对京津冀协同发展下的河北省区域经济发展进行研究,必须明确国内外学者的已有研究进展,鉴于对京津冀协同发展鲜有国外学者进行研究,因此,关于京津冀协同发展的文献主要是国内学者的综述。本书主要从京津冀协同发展的挑战和困难、京津冀协同发展的动力机制、京津冀协同发展中的产业合作、京津冀协同发展的战略措施和京津冀协同发展中的河北角色以及京津对河北省的经济影响力等六个方面进行阐释和说明。

1. 京津冀协同发展的挑战和困难

京津冀区域与我国长三角、珠三角两大经济增长极相呼应,虽然京津冀

[①] 沈玉芳,刘曙华. 长江三角洲地区城镇空间组织模式的结构与特征 [J]. 人文地理, 2008, 22 (6): 45-49.
[②] 冷志明. 中国省区交界地域经济协同发展研究 [J]. 开发研究, 2005, 20 (4): 74-77.
[③] 彭荣胜. 区域协调与先发地区经济持续发展 [J]. 商业研究, 2007, 21 (10): 18-23.
[④] 苗长虹,张建伟. 基于演化理论的我国城市合作机理研究 [J]. 人文地理, 2012, 32 (1): 54-59.

协同发展取得了诸多合作成果,然而与长三角、珠三角区域合作相比,京津冀区域合作长时间徘徊不前。究其原因,可能是"四大困境"使然。第一,"行政困境"。在中国当前的国情下,区域之间的合作和协同首先要看地方政府的参与积极性。京津冀特别是京津之间背后各自为战的利益出发点,导致了京津冀之间达成有效协调发展机制的困难不少。[①] 并且,对京津冀三地而言,北京、天津与河北省高层权力的不匹配,必然导致河北省在京津冀协同发展中处于从属、被动地位。在京津冀协同发展顶层设计、功能分工和具体实施中,如果缺少国家高层协调,也难赢得真正"互利共赢"的待遇。第二,"市场困境"。不同于长三角地区各城市间产业结构较为相近,发展存在着渐次性特征,京津冀地区城市产业结构相差悬殊。因此,京津冀三者之间产业结构差异巨大,产业的相互依赖性和上下游关联性较少,难以形成产业互动,也无法通过产业关联、产业协作、产业融合而达到利益互惠,三者之间利益的缺失又进一步限制了京津冀之间协同发展的基础。[②] 京津冀各区域内部存在巨大发展落差,为吸引更多的企业和人才在本地区"扎根",京津冀各级政府必然只专注本地区的基础设施建设、公共服务设施建设和社会公共事业的发展,长期循环往复,京津冀之间的财富积累、经济发展水平和社会公共服务水平必然会产生巨大落差,导致京津冀缺失产业协同发展的利益驱动机制。[③] 京津人才、信息、成果、政策等经济发展资源丰富,人均综合实力明显高于河北;但是京津发展空间有限,因受行政区对高层次人才和好项目、大项目的阻隔,市场要素、创新资源很难自然流动起来。[④] 第三,"生态困境"。北京与天津"大城市病"十分严重,主要体现在经济发展、人口增长与资源环境矛盾三大方面。河北由于多种原因经济发展相对缓慢,资源与环境的生态约束对三地产业发展影响很大。[⑤] 京津被河北环绕,北京与天津的发展离不开河北的支持,但基于偏重的产业结构、沉重的经济发展和扶

---

① 胡鞍钢. 建设生态共同体, 京津冀协同发展 [J]. 林业经济, 2015 (1): 3-6.
② 薄文广, 陈飞. 京津冀协同发展: 挑战与困境 [J]. 南开学报 (哲学社会科学版), 2015 (1): 110-118.
③ 朱晓青, 寇静. 京津冀产业协同发展探析 [J]. 京津冀协同发展研究, 2015 (1): 104-108.
④ 魏进平, 刘鑫洋, 等. 建立和完善京津冀协同发展主体协调机制 [J]. 河北工业大学学报 (社会科学版), 2014 (2): 198-205.
⑤ 臧秀清. 京津冀协同发展中的利益分配问题研究 [J]. 河北学刊, 2015 (1): 192-196.

贫攻坚繁重任务，河北省无力支撑服务京津生态建设成本。第四，"文化困境"。不同于长三角、珠三角浓郁的市场经济文化，行政文化或者"官文化"是京津冀区域的主要文化形态，这使得京津冀区域尽管拥有政策、资源、人才和技术优势，但其内部仍然是各自为政的行政区经济。[①]

通过上述文献对京津冀协同发展限制因素的分析，可以使我们认识到京津冀协同发展中很多问题的解决不仅需要发挥资源配置的市场决定性作用，而且还要注重国家和北京、天津和河北省三地政府的作用，只有"两只手"同时发挥作用，京津冀协同发展才能真正实施。

2. 京津冀协同发展的动力

京津冀协同发展的动力到底体现在哪些方面，国内学者观点不一，而且处于相对零散化的研究状态，并没有形成系统化的思想。通过对国内已有研究成果的梳理，有助于厘清京津冀协同发展的动力机制，也为未来京津冀协同发展的相关研究奠定坚实基础。综合学者们的研究，总的来说，关于京津冀协同发展的动力进行了不同角度的分析，可以将京津冀协同发展的动力概括以下几个方面：

（1）要素禀赋。京津冀地区拥有优厚的自然条件和丰富的自然资源、人力资源、资本、技术、产业、制度与政策，综合考虑上述要素禀赋，从区域整体的角度可以看出，京津冀地区具有较好的要素禀赋条件，优于长三角和珠三角地区，但一体化程度低于长三角和珠三角。[②] 京津冀三地在要素禀赋方面具有较强的互补性，这些互补性如果能充分发挥作用，将会成为京津冀协同发展的动力，并促进京津冀地区的整体发展力。

（2）分工与专业化。区域整体的要素禀赋决定了京津冀地区整体的分工与专业化方向，使得京津冀地区在全国的分工与专业化中具有明显的特色。北京作为我国首都，承担国家政治、文化、科技、教育中心等职责；天津是国际港口城市、北方经济中心、金融中心；河北作为京津地区的资源腹地，在农业方面、工业方面和新型产业方面都应结合资源禀赋准确定位、科学发

[①] 魏进平，刘鑫洋，魏娜. 京津冀协同发展的历程回顾、现实困境与突破路径［J］. 河北工业大学学报（社会科学版），2014（6）：1-6.

[②] 王建廷，黄莉. 京津冀协同发展的动力与动力机制［J］. 城市发展研究，2015（5）：18-23.

展。明确京津冀三地的功能定位和专业化分工，可以在某种程度上避免重复建设、产业同构等问题，从而提升整个京津冀地区的劳动生产率和经济效益，促进京津冀协同发展。

（3）创新驱动。创新是区域经济发展的动力之一，也是京津冀协同发展最重要的动力之一。京津冀协同发展的根本动力在于创新驱动，走创新驱动型的发展道路，打破产业界限、区域界限，贯通产业链的瓶颈，重组产业资源，重塑产业的生态环境。京津冀三地应该加快构建协同创新共同体，协同创新体制机制等，从而缩小京津冀三地的差距，实现真正的京津冀协同发展的目标。

要素禀赋、分工与专业化、创新驱动是京津冀区域协同发展动力的重要组成部分，也是区域协同发展的重要影响因素，任何一个环节出现问题，都会影响区域健康发展，制约区域发展速度。但是目前，京津冀协同发展未来面临三大动力挑战：一是如何破除生产要素自由流动和优化配置的各种体制机制障碍；二是如何加强产业对接协作，避免产业同构化、同质化发展；三是如何在各城市合理功能定位条件下，促进城市分工协作。

3. 京津冀协同发展中的产业合作

区域的产业分工可以分为区域内不同产业部门间的分工，区域内相同产业部门间的专业化分工以及区域内在生产产品产业链的不同环节上的分工等三种不同的分工形式。区域内的各个地区的地理位置不同，所具有自然资源密集度不同，技术、人口、资本等生产要素的优势不同，这就使得区域产业分工会不同。区域产业分工是指有内在联系的地区间基于比较优势的产业专业化分工，它会大幅度地提高生产效率，优化区域的产业布局，从而使区域整体利益得到显著的提升。区域间各利益主体进行产业分工，会进一步加强生产要素合理流动，形成产业间的合作，区域间的产业分工与合作是相互依存、相互统一、相互制约的。

张哲（2004）从区域产业分工的角度来研究产业结构的调整，认为随着区域内各主体间的分工不断细化，所具有生产资料和生活资料的比例不同，生产的产品种类不同，自然的地区产业结构也随之逐渐形成，随着区域内各主体间的分工不断地进行有目的的协调、整合，地区的产业结构也随之得以优化调整，从而避免资源的过度浪费。区域的产业结构调整是建立在产业间相互分工整合的基础之上的；反之，区域内产业结构的优化调整又能促进产业专业化分工的进一步升级和深化，从而形成整个区域经济发展的倍增效应。[①] 贾若祥、刘毅、侯晓丽（2005）认为区域内企业间的合作型竞争对区域经济发展产生积极影响同时又存在消极的影响。企业间进行合作有四种模式可以选择，第一种模式是产品转包生产的模式，第二种模式是技术创新合作模式，第三种模式是营销合作模式，第四种模式是合资的模式。区域内企业间不断地开展交流对话以及进行多种方式、不同领域的合作，深化了企业间的专业化分工，促进企业间的溢出效应，有利于加快生产要素的跨区域合理流动。[②] 全诗凡（2013）通过分析京津冀地区间专业化指数以及京津冀三地的工业产值比重等数据，研究京津冀地区产业分工与转移情况。区域产业不断发展的过程就是产业分工的不断演进升级的过程，京津冀地区产业分工与合作的空间很大，应该积极引导京津冀三地间的产业合理分工与转移。[③]

4. 京津冀协同发展的战略措施

京津冀协同发展不仅对于京津冀区域中北京、天津和河北省三地的发展有利，而且能够促进整个京津冀区域的协调发展，对于打造全国区域经济发展新引擎，提升区域整体竞争力都具有重要的战略意义。根据新经济地理学和区域经济学的相关理论，结合京津冀三地所处工业化阶段，柳天恩（2015）将京津冀协同发展按时间顺序划分为市场一体化、产业一体化和全面一体化三个阶段，[④] 陈红霞等（2011）认为区域空间结构是地区之间经济发展关系的空间映射，同时也直接影响区域经济发展的水平和效率。[⑤] 李国平（2014）认为京津冀地区区域规划应遵循可持续发展、强制性与指导性并存、空间准入的可操作性、与其他规划协调等原则，在综合评价京津冀地区

[①] 张哲. 区域分工、专业化与产业结构调整机理探讨 [J]. 财经论丛，2007（7）：70 - 73.
[②] 贾若祥，刘毅，等. 企业合作模式及其对区域经济发展的影响——以江苏省通州市企业为例 [J]. 地理研究，2005（4）：644 - 647.
[③] 全诗凡. 京津冀区域产业分工与产业转移分析 [J]. 现代管理科学，2013（8）：71 - 73.
[④] 柳天恩. 京津冀协同发展：困境与出路 [J]. 中国流通经济，2015（4）：83 - 88.
[⑤] 陈红霞，李国平，等. 京津冀区域空间格局及其优化整合分析 [J]. 城市发展研究，2011（11）：74 - 79.

的生态、社会、经济发展条件与现状基础上,以保障资源合理配置为目标,科学制定一体化的区域规则。① 张占斌(2015)认为推进京津冀协同发展过程中,应坚持以下原则:一是中央统筹规划、地方协同创新;二是科学定位、优势互补;三是政府与市场结合;四是集约绿色、生态文明的原则。②

上述文献对京津冀协同发展战略推进措施进行了阐述,可见京津冀协同发展在现阶段的重要性,真正的京津冀协同发展还需要实践层面的推进。

5. 京津冀协同发展中的河北角色

京津冀协同发展给河北带来的积极影响是全方位而深层次的,对河北的发展来说是一个重要的契机。因此河北要明确在京津冀协同发展中的角色定位,既要顾全大局,又要提升自身发展。河北主要扮演两个角色:一是承接北京疏解非首都城市功能的角色,疏解北京的人口压力和承接北京的产业转移;二是崛起的角色,京津冀三地落差巨大,河北应积极缩小和京津的差距,抓住北京产业转移的机遇,加快发展,从而为京津冀协同发展提供主要的支撑,助力京津冀成为更具竞争力的经济增长极。

(1) 河北省在京津冀协同发展中的新机遇。姚峰(2015)认为在京津冀协同发展中,作为首都的北京是要"去功能、再高端化",天津是要"去加工、再服务化",而河北省是要"去重型、再加工化",借助采掘、重加工和农副产品生产加工业突出优势,定位为重化工业基地、现代制造业基地和现代农业基地。③ 张婷(2015)认为在国家将京津冀一体化提升到国家战略的机遇下,河北应将自身摆在与京津同等的省级行政区的地位上,京津冀三地不是服务和被服务关系,而是相互支持、相互促进共同发展的区域经济合作关系。④ 魏静(2014)认为河北省在京津冀协同发展中的作用,应该是优化城市布局的支撑区、现代产业体系的支撑区、综合交通网络的支撑区、生态涵养保护的支撑区。⑤

---

① 李国平. 京津冀一体化发展战略及对策 [J]. 前线, 2014 (8): 103 – 105.
② 张占斌. 京津冀协同发展的重大战略意义 [J]. 环境保护, 2014 (17): 18 – 20.
③ 姚峰, 范红辉. 河北省对接京津冀协同发展的五大着力点 [J]. 经济纵横, 2015 (1): 106 – 109.
④ 张婷. 河北省在京津冀一体化发展中的对策研究 [D]. 长春: 吉林大学, 2015.
⑤ 魏静. 京津冀战略升级, 通州枢纽地位突出 [N]. 中国证券报, 2014 – 03.

（2）河北省在京津冀协同中的发展需求。丛屹（2014）认为明确河北省在京津冀协同发展的需求，可以更为准确地把握创新体制机制、实现协同创新的原则和步骤。从目前来看，河北省发展需要政策扶持、淘汰落后产能，加强合作，积极承担相应的责任和义务。[①] 孙久文（2014）认为京津冀区域中的落后和边缘地区缺乏引进、吸收和消化发达地区先进生产要素和管理制度的能力，导致单靠地方政府之间的协调机制合作难以实现。[②] 学者们对京津冀三地功能划分的研究由来已久，对于河北的功能定位，社会各界仍未达成一致意见。2015年8月《京津冀协同发展规划纲要》颁布，确定了为北京、天津、河北省三地的角色定位，北京是全国的政治中心、文化中心、国际交往中心、科技创新中心；天津市是全国先进制造研发基地、北方国际航运中心区、金融创新运营示范区、改革开放先行区；河北省是全国现代商贸物流重要基地、产业转型升级试验区、新型城镇化与城乡统筹示范区、京津冀生态环境支撑区。[③]

京津冀协同发展已上升为国家重点发展战略，为河北省带来了新的发展机遇和挑战。对此，河北省必须明确自身发展角色，建立专门对接的组织机构，科学制定对接的实施规划，建立经常性互访的对接机制，明确全面对接的主战场，确定金融资本、人才技术、产业项目等重点对接的内容。

6. 京津对河北的经济影响力

京津冀区域，京津的发展绕不开河北，河北的发展必然要受到京津的影响。因此，河北省要发展，首先要利用好京津对其的经济影响力，在此基础上才能更好地融入与京津的协同发展中。京津对河北经济影响力的研究中，主要是梳理了京津对河北的辐射影响力，这些研究主要集中在国内学者的研究。这些研究主要可以归为三类：

（1）将北京、天津作为一个区域性中心城市或将京津冀作为一个整体研究其经济辐射力。刘崇献（2005）指出北京在经济辐射能力方面远弱于上

[①] 丛屹. 协同发展、合作治理、困境摆脱与京津冀体制机制创新[J]. 改革，2014（6）：75–81.
[②] 孙久文. 京津冀合作难点与陷阱[J]. 人民论坛，2014（5）：34–37.
[③] 财经网. 领导小组解读：十点速读京津冀协同发展规划纲要[z]. http：//economy. caijing. com. cn/20150824/3953083. shtml

海，并分析了其原因以及两个城市经济辐射能力的发展趋势，提出增强北京经济辐射能力的建议。[①] 何龙斌（2014）对京津冀、长三角、珠三角三大经济圈的经济辐射范围进行计算，并比较三大经济圈的经济辐射力，得出上海对长三角经济圈的经济辐射力最强，而北京和广州市的经济辐射力和辐射范围相对较弱，周边地区要根据核心城市的特点接受经济辐射。[②] 赵娴（2013）利用主成分分析法对包括北京的35个中心城市的辐射进行计算，提出中心城市对周边地区的带动作用源于其经济辐射力。[③]

（2）京津对河北的具体城市的经济辐射。左得江、李宁（2012）分析了北京对廊坊的经济辐射，提出廊坊接受北京经辐射的问题和挑战。[④] 李雪（2012）分析了京津对廊坊市高新技术的经济辐射，并提出区域发展高新技术产业的相关政策。[⑤] 孟祥林（2007）研究了京津经济辐射下，保定指状网络模式的城市发展策略研究，指出保定未来应通过产业梯度转移谋求京津保的共同发展，改变服务京津的传统发展思路、构造核心产业链和提升经济辐射力。[⑥]

（3）京津冀区域内部的经济辐射力问题。周利敏、冯艳英（2012）在增长极理论基础上分析了北京、天津对河北省的经济辐射作用，指出河北要借京津辐射从政府的宏观和企业的微观双管齐下进行发展。[⑦] 刘崇献、柴南南（2013）、运用"空间引力模型"测算了北京市和京津冀都市圈的其他主要城市之间的经济联系量和经济隶属度，指出北京市和其他城市的经济联系不断提升，但除了廊坊和唐山，其他城市对北京的经济隶属度出现下降，反映了北京对周边城市的经济辐射能力比较低下，并从定位、区位、产业结构等方

[①] 刘崇献. 北京与上海经济辐射能力差异探析 [J]. 北京社会科学, 2005 (4): 40 – 44.
[②] 何龙斌. 我国三大经济圈的核心城市经济辐射力比较研究 [J]. 经济纵横, 2014 (8): 50 – 54.
[③] 赵娴. 中国国家中心城市经济辐射力分析预评价 [J]. 经济与管理研究, 2013 (12): 106 – 113.
[④] 左得江, 李宁. 首都经济辐射下的廊坊发展问题研究 [C]. 优化资源配置, 打造首都经济圈会议论文集. 26 – 38.
[⑤] 李雪. 京津高新技术对廊坊经济辐射的研究 [C]. 第六届环渤海—沿京津. 京津冀协同发展会议论文集. 39 – 42.
[⑥] 孟祥林. 京津经济辐射保定指状网络模式的城市发展策略研究 [J]. 环渤海经济瞭望, 2007 (10): 29 – 33.
[⑦] 周利敏, 冯艳英. 京津辐射对周边的影响 – 以京津冀为例 [C]. 第五届环渤海 – 环首都. 京津冀协同发展会议论文集. 20 – 24.

面分析了北京市经济辐射能力薄弱的原因，有针对性地提出了增强北京经济辐射能力的对策建议。[1] 刘崇献、张鑫（2014）运用"城市流强度模型"，测算了北京市主要产业的区位商、外向功能量、城市流强度和城市流倾向度，发现北京虽然有8个行业具有外向服务功能，外向功能量和城市流强度都居京津冀都市圈首位，但城市流强度居倒数第二位，表明北京的对外经济辐射能力还比较弱，根据结果提出了增强北京经济辐射能力的对策建议。[2] 刘莉亚、王剑（2011）研究京津冀内部的河北省105个县级样本面板数据的计量检验，得出北京与29个县经济联系较强，天津与28个县经济联系较强，京津对河北的经济辐射半径逐年增加之势。[3] 孙久文、丁鸿君（2012）从实证的角度计算京津冀区域内各城市间的经济联系，从而分析京津冀一体化的进程和特征，提出相应的建议。祝尔娟、周伟（2012）通过分析京津冀的产业发展，从微观的角度研究在京津冀产业应走差异化发展道路，优化辐射和承接。

2.2.3 研究现状的评述

国内外学者分别从不同的角度对区域经济协同发展的动力机制、协同发展与产业发展、协同发展与城市发展等区域经济协同发展的普遍性问题方面进行了研究，学者们也对京津冀协同发展中的京津冀协同发展的挑战和困难、京津冀协同发展的动力、京津冀协同发展中的产业合作、京津冀协同发展的战略措施、京津冀协同发展中的河北角色、京津对河北的经济辐射影响力等关于京津冀协同发展的问题进行了研究，并得出了许多有价值的结论。但现有研究仍有一些不足之处，主要体现为：一是多强调北京、天津在京津冀协同发展中的地位，对河北的地位和作用没有进行系统重点着力研究，将京津放在关键性的主体地位，忽视河北自身的内在作用。而且，文献的研究总是

---

[1] 刘崇献，柴南南. 北京市在京津冀都市圈的经济辐射能力研究［J］. 中国商贸，2013（6）：131-135.
[2] 刘崇献，张鑫. 基于城市流强度模型的北京经济辐射能力研究［J］. 中国商贸，2015（1）：131-135.
[3] 刘莉亚，王剑. 经济辐射、金融发展与经济增长——来自京津冀地区的证据［J］. 金融教学与研究，2011（1）：24-32.

将河北省放在为京津服务的位置上，并没有将河北省和京津放在平等的地位上进行研究。二是分析了京津对河北的经济影响力，但没有对京津对河北的经济增长效应展开论证和探讨，没有这一实证基础，很难对河北省的空间经济结构进行重新构建。三是尚未构建站在河北省的视角，从京津冀宏观、城镇的中观、产业的微观和体制机制建设等方面形成河北省充分融入与京津的协同发展中完整体系策略研究。

在回顾和总结现有研究的成果与不足的基础上，笔者认为，在京津冀协同发展中，未来河北省区域经济发展将在整个协同发展中起着非常重要的作用，因此，在京津冀协同发展中，河北省区域经济发展应该着重从以下两点展开：一是结合京津冀区域特点，深入研究河北省与京津之间的区域经济联系，从河北省的视角分析其如何借助京津冀协同发展中疏解北京非首都城市功能的机遇，做好承接京津产业转移的应对策略；二是客观分析京津冀历史关系的形成、发展和变迁，结合当前京津冀协同发展、一体化的方向和趋势，定性分析与定量分析相结合，提出促进河北省区域经济发展的对策建议，切实做到京津冀区域的高效协同发展。

3

河北省与京津发展关系的演化

深度分析京津冀协同发展中河北省区域经济发展的问题，需要明确京津冀关系演化脉络，从源头上梳理河北省与京津两市的发展关系。本章对京津冀发展关系的演化进行系统梳理，以期为京津冀协同发展中河北省如何借助经济发展找到历史渊源。

纵观京、津、冀三地发展关系的变化，其区位关系和区位的共同特征决定了京津冀三个地区在政治、经济、文化等多个层面，从来都既是邻居，又是不可分割的一个整体。依据京津冀历史关系演进过程，本章将其相互关系的发展大致分为三个阶段：一是新中国成立前历史时期的京津冀关系；二是新中国成立后计划经济时期的京津冀关系；三是改革开放后京津冀的关系和目前新时期京津冀紧密联系的关系。本章旨在通过梳理京津冀三地关系的演变和发展的历史变迁过程，来探究京津两大城市对腹地河北省影响的历史，为研究京津冀协同发展中的河北省区域经济发展厘清客观基础。

3.1 新中国成立前历史时期的京津冀关系

3.1.1 18世纪以前的京津冀关系——明清时期

1. 明清时期京津冀的行政区划

明清时期，京津冀地区是相对一体化的行政管理单位，实行的是统一的管理。明洪武二年（1369），政府成立了北平行省，负责北平及周边地区的行政事务。洪武九年（1376），北平行省改称为北平布政司。永乐元年（1403），北平布政司又改名为北京行部，明政府明令六部直接管理北京及北直隶其他辖区。[①] 天津卫因并非行政管理机关，划归于北京留守行后军都督府进行管理。宣德三年（1428年），北京行部和行后府被废除。从此以后，北京、天津以及北直隶其他地区的军事和政事，都交给中央六部和后军都督府直接管理。明正统年间，北直隶地区设置了巡抚。成化八年（1472），北直隶地区巡抚又设置了顺天、保定两巡抚，顺天（蓟州）巡抚管辖着顺天、永平两府衙，保定巡抚管辖着真定、保定、河间、广平、顺德、大名等6个府衙，此时，天津卫隶属于保定巡抚管辖。[②] 嘉靖二十九年（1550），政府新设了蓟辽总督，主要用于监督压制蓟州、保定和辽东等地区的军事力量。清雍正二年（1724），直隶巡抚升级成直隶总督，管辖范围由顺天八府二州扩增为顺天八府二州及西北部的宣府镇。明清时期的顺天府包括今北京市、天津市和河北省三地的部分地区，表明三地之间有着非常密切的关系，这一区域巡抚和总督的设置进一步表明三地之间的相互依存关系。

2. 明清城际关系

据史料记载，因北京地区河山巩固，水甘土厚，民俗淳朴，物产丰富，河道疏通，漕运日广，商贾辐辏，财货充盈。北枕居庸，西峙太行，东连山海，南俯中原，沃壤千里，山川形胜足以控四夷，制天下。[③] 故明成祖朱棣登基后，将都城迁往北京，北京大规模开发建设的历史由此展开。此后，政府在都司卫所的基底上，建设了宣府镇、蓟州镇、辽东镇多个军事重镇，用于强化首都军事力量和抗击蒙古的侵扰。嘉靖年间，蒙古俺答汗率异军突起，多次向明政府挑起战争事端，为加强北京城西北和南部的边镇建设，又增设了昌平和保定两个军事重镇。万历年间，将山海镇从蓟州划出，巩固加强成为军事重镇。明代中后期，边镇军队已经发展成为明朝的主要军事力量，以宣府、蓟州、昌平、保定和山海等军事重镇为代表的边镇军队，齐心协力抗击蒙古挑起的战争，避免了明朝迁都南方的境遇。1590年以后，日本不断向

---

①②③ 肖立军. 明清京津冀协同发展探略[J]. 人民论坛，2015（3）：78-80.

明朝发兵，保定军事力量不得不转移至天津，随后天津借势发展成为具有重要军事地位的地区。综上所述，明清时期，环绕京城的河北省和天津两地部分地区为保卫北京城做出了重要贡献。

清康熙四十七年（1708），承德热河的行宫正式投用，标志着承德成为名副其实的政治副中心。康熙五十年（1711），在政治地位上升的带动作用下，热河上营已经呈现出一派生理农桑事和聚民至万家的欣欣向荣景象。康熙执政后期，为适应皇帝每年到承德避暑需要，承德不断修建府邸宅院以满足皇室和王公贵族的避暑要求，更进一步带动了承德地区工商业的快速发展。"塞外京都"的出现，使承德成为清政府暑期处理朝政、接见使节、稳定边疆、融合民族文化的重要场所。可以说，前清时期，承德是首都北京重要的政治、文化副中心城市。作为首都北京的南大门，保定早在明清时期就已经成为首都北京的辅助中心城市。清雍正八年（1730），保定经过大规模的扩建后正式建立总督署，历经至宣统八位皇帝，曾驻此署的直隶总督共59人66任，直到1909年才废止。

3. 明清时期的交通关系

明清时期，我国水路交通较为发达，陆路交通设施相对欠缺。明成祖朱棣碍于原海运路线风险大，便命人疏浚会通河河道，开辟了天津—蓟州段运河，结束了仅依赖通惠河向都城运送物资的历史。这一时期，天津中转站的物资除供给都城外，还用于补给边防军需。至永乐十三年（1415），江南物资已主要依靠内陆运河运往北京，山东等地漕粮运输任务仍通过东海运抵蓟州，漕船在渤海屡被风浪漂溺。明英宗三年（1459），政府为避免海运风险，下令挖通了天津直沽河口到北塘河口的一段新运河，漕运船只无须从渤海航行至蓟州，军粮供给保障程度更高了。

明清时期，天津是北京漕运的一大重要中转基地，在海路和陆路运输中都发挥着至关重要的作用。据史料记载，大清河的一条支流流经高阳县，明朝期间东南地区的货贿、天津地区的鱼盐和晋恒地区的木材等物资，都会汇集在高阳大清河支流节点上以备转运。明清时期的京畿之地，不仅水上通道畅达，陆上交通也发挥了很大的运输作用。清雍正年间，北直京畿管辖范围内的驿站数量高达77个之多。北京东边的通州和蓟州经过山海关可以到达都城；北京北边的昌平和宣化两地经过居庸关和蔚州能够抵达三晋，再经过张家口的瑜长城最远通到蒙古；北京南边经过良乡和涿州，中转湖南北部最远能够到达云南和贵州。全国范围内的任何一处驿路，都能够汇聚到都城北京。

4. 明清时期的经济关系

明清专门负责漕粮运输的军队称为"运军"。明朝时期，政府为了激发负责漕粮运输军队的劳动热情，特地批准这些运军可以在运输来往过程中，从运输节点城镇收购土特产品在其他地区买卖，并且免征营业税款。针对漕粮运军的这一激励措施，引发了民间商贸商务活动的开展。1860年英法联军迫使清政府签订了丧权辱国的《北京条约》，天津不得不开放海关，自此以后，长时间作为各国向我国贩卖货物、抢夺资源、输出资本的一大侵略地。天津沦为开埠地之后，世界主要列强加紧划分势力范围。天津开埠以后，各国列强争先恐后地抢占地盘，强划租界。与此同时，国内的官僚、买办、富商、政客和清廷的遗老遗少也在天津买房兴业，频繁往来，使天津成为近代殖民政治、经济、文化的聚合地，河北很多地区都成为天津出口商品的腹地。

天津和近邻的渤海区域盛产长芦盐，因此政府命在古长芦（即今沧州所辖区域）建立了盐业司，并且在沧州和青州（万历年间移至天津）两地设立了两个分司。长芦盐大部分运往北直隶、河南彰德、卫辉两地和宣府、大同、蓟州等边防重镇销售。明清时期，粮食是都城不可或缺的重要贸易品。天津和河北省辖区内商人是北京城最主要的粮食供应商。据沧州市河间史料记载，青县、沧州、故城、兴济、东光、交河、景州、献县等县运往北京城的粮食均通过漕运，河间、肃宁、阜城、任丘等县的粮食主要通过陆路运往北京城。天津和河北省本底土特产品在都城北京广受欢迎。据史料记载，清朝涿州一带桃屯的桃子享有"秋碧饱京都"的美誉，该县土特产品斜纹带、布匹、被子、毛巾等在都城也有很好的销量。明朝遵化生产的铁质量优良，多用来供给兵仗局的军器和军装用铁。

张家口市，在明清两代的发展过程中，承担着军事要塞、商贸重镇、合作窗口和交通节点的多重功能。明朝中后期，宣化升级为军事重镇，承担着护卫京城安全的重要作用。清康熙二十八年和雍正五年，中俄分别签署了

《尼布楚条约》和《恰克图条约》，给予俄国官商免税贸易的巨大优惠，张家口中俄重要贸易口岸的地位日益凸显。康熙前期，张家口的旅蒙业（办理去库伦蒙区贸易屯栈、运输业务的行业）只有 30 多家，[①] 待两国互惠业务开始以来，乾隆时期从事这一行业的已经发展到一百多家，同治时期发展到 350 多家，光绪时期发展到 400 多家。从北京等地汇集而来的茶类、布匹类、丝绸类和各种小商品集聚到张家口，通过张家口—集宁—二连—乌拉巴托—伊尔库斯克，源源不断运往俄国，形成了著名的张库古道，创造了京北地区历史的繁荣和张家口城市的快速发展。

3.1.2　18～19 世纪的京津冀关系——民国时期

1. 民国城际关系

民国时期，京津冀三地行政区划变化非常频繁。1912 年，顺天府成为隶归中央政府直接管辖的京兆地方。1913 年，中央政府统一废除直隶省的所有府州，将所辖府州改称县。1928 年，中央政府迁都，将直隶省改名称为河北省，并将京兆地方划归河北省管辖，天津县的城区内专门划出一片区域，成立了天津特别市，隶属于中央的行政院管辖。市政当局本设想按照能否使天津发展商业为标准进行区域划分，将天津的全县及宁河、宝坻、静海、沧县的部分区域归属天津市管辖，待到时机成熟再行扩大或变更行政范围，但始终没能得到河北省政府的认可。1930 年 6 月，天津特别市行政级别上升，成为天津市。同年 10 月，天津市降级，成为隶属于河北省管辖的市。1935 年，天津市再一次升级为行政院管辖的市。

民国前期，北京开始施行市制，设立了京都市政公所，初期市政公所管辖区域非常小。1918 年 3 月，公所管辖范围扩大至北京城内城和外城的全部区域。1925 年 9 月，管辖范围扩大到四郊的各个辖区。1928 年 6 月 28 日，成立了北平特别市，管辖区域东抵黄庄、西到三家店、北到立水桥、南到西红门，辖区总面积约为 707 平方公里，内城分为 6 个区，外城分为 5 个区，

---

① 周达，司聘. 首都北京和"首都圈"的历史发展及启示 [J]. 兰州商学院学报，2014 (4)：1-5.

另设了4个郊区。其中，城区面积约占北京市总面积的10%，郊区面积约占北京市总面积的90%。

京津冀三地之间紧密管辖的另一个方面，体现在北京市和天津市在行政级别沉浮过程中，均有过作为河北省省会的历史。这段时期的行政区划分合、行政登记升降和行政治所迁离，都表明了三地之间忽而合为一体，忽而各自为政的复杂管辖关系。新中国成立后，北京成为国家的首都，没有再作为河北省省会出现过，津冀之间的行政关系变迁则进一步延伸到1949年以后。1928年6月，中央发文正式成立了北平特别市，将京兆地方的各个县归属于直隶省管辖。同年7月，直隶省改名为河北省。同年10月，河北省的省会由天津改为北平。此时，北平兼具河北省省会和行政院直辖特别市两种职能。这种隶属关系的复杂性，决定了河北省能够否决北平市进行辖区扩张的要求。1930年7月，北平市降格成为河北省辖区内的一般城市，同年10月，河北省省会回迁到天津。1935年，省会又由天津迁往保定。1946年2月，北平市划定新市界草案的时候，仍然没能得到河北省拨付国土给北平的回复。

2. 民国交通关系

得益于毗邻北京的优越地理位置，无论是历史上形成的驿站式交通体系，还是清朝晚期形成的公路和铁路交通体系，天津和河北省都尽享北京呈放射状延伸而出的路网，成为这些四通八达的陆路交通线路的必经之地。1912年，天津—上海铁路线路建成通车，后来北京—张家口、汴州—洛阳等铁路线路逐步建成通车。多条铁路干线相互交错，形成了以北京和天津为中心的交通运输网络体系。河北省作为最早开通铁路线路的区域之一，渐渐布局了交错的铁路交通网络。北部形成了张家口—北京—唐山—山海关东西方向的铁路线；西部形成了北京—保定—石家庄—邯郸南北方向的铁路线；东部形成了山海关—秦皇岛—天津—沧州—南皮的铁路线，多条铁路的中心点就是北京和天津两市。近代铁路运输体系、水路运输体系和公路运输体系相互交错，很大程度上提高了京津冀三地的运输能力，节省了运输成本，为京津冀以交通为依托的经济带形成和发展奠定了基础。

3.2 新中国成立后计划经济时期的京津冀关系

3.2.1 行政区划关系

京津冀地区行政区划调整的特点，突出表现在京津两地对与河北省相邻县乡的剥离收拢上。随着京津两市政治、经济和文化功能的日益加强，原有的行政管辖区域已难以满足城市日常运营需求，扩大地理空间的要求不断被提上议事日程。为改善京津两市发展状态，在地方政府的多次请求下，中央政府集中统一推进，陆续将河北省多个区县划拨京津两市。

1949 年以来，首都北京的中央直辖市地位日益强化，从河北划入管辖区域不断增加。新中国成立初期，北京市的管辖范围约为 707 平方公里，此后，河北省相邻区域多次划归北京管辖，包括：昌平县黑龙潭（1950 年 10 月）；宛平县全部和房山县 75 村、良乡县 3 村（1952 年 7 月），划入面积 1254 平方公里；划入昌平县及通县所辖金盏、孙河、上辛堡、崔各庄、长店、前苇沟、北皋 7 乡（1956 年 3 月），面积 1604 平方公里；大兴县新建乡（1957 年 9 月），顺义县中央机场场区和进机场公路划归北京市管辖（1957 年 12 月）；大兴、通县、顺义、良乡、房山 5 县及通州市（1958 年 3 月），平谷、密云、怀柔、延庆 4 县（1958 年 10 月）。至此，北京市管辖范围增加到 16410 平方公里，[①] 占新中国成立初期北京市土地面积的 23.2 倍。自此以后，北京市行政区域范围基本确定，土地面积没有再发生变更。

天津市与河北省的行政区域关系较为复杂。天津市先后经历了中央直辖市、河北省辖市和河北省会的多次反复变更。1949~1979 年，津冀两地行政从属关系分别为：1949 年 1 月，天津市归属于华北人民政府管辖；新中国成立当日，升级为中央直辖市；1958 年 2 月，划归为河北省所辖市；同年 4 月，河北省会从保定市迁至天津市；1966 年 5 月，河北省会此前迁回保定，隔年 1 月，天津市再次升级为中央直辖市。1949~1958 年，河北省划归天津

[①] 孙冬虎. 京津冀一体化的历史考察 [J]. 北京社会科学，2014（12）：48-53.

市管辖的区县包括：宁河县北窑、河头等5村（1950年6月）；天津县三义、上河圈2村（1950年8月）；天津县大梁子等5村（1950年11月）；天津县（1952年4月）；静海县薛家庄（1956年9月）；天津市与唐山、沧州、天津等专区之间进行多次行政区划的内部调整（1958年4月）；划入蓟县、宝坻、武清、静海、宁河5县（1973年7月）。

3.2.2 京津冀区域合作背景

1. 京津冀区域合作背景

新中国成立初期，中央政府将全国划分为西北、华东、中南、西南军政委员会和东北人民政府五个大行政区。由于华北情况与其他五大行政区不同，河北、山西、绥远、热河、察哈尔五省及北京、天津两市则直属于中央人民政府管辖，并撤销了原华北人民政府。1950年9月，中央人民政府增设了"中央人民政府华北事务部"，但华北的五省二市仍归中央直属，这一时期，华北并无大行政区一级政权机构及所辖地区。1951年12月底，中央人民政府设"政务院华北行政委员会"，代行华北一级地方政府工作，确定华北列为大行政区一级。1952年11月，中央撤销其他五大行政区人民政府和军政委员会，统一设华北、东北、西北、中南、华东、西南六个中央人民政府行政委员会。全国正式划为六大行政区。[①] 1954年，六大行政区被撤销。京津和河北省建立起了初步的经济合作关系。

1958年，政府进一步加强了计划经济实施的力度，并考虑历史关系和政治、经济、军事需要，将全国划分为东北经济协作区、华北经济协作区、华东经济协作区、华南经济协作区、西南经济协作区共7个大区，相当于基本经济区。各协作区都成立了协作区委员会及经济计划办公厅。1961年，又恢复成立了华北、东北、华东、中南、西南和西北等六个党的中央局，以加强对建立比较完整的区域性经济体系工作的领导，从而把1958年成立的七大经济协作区调整为华北、东北、华东、中南、西南和西北等六大经济协作区。后因"文化大革命"，经济协

---

① 李格. 略论建国初期大行政区的建立 [J]. 党的文献，1998（9）：55–60.

作区被撤销。① 在1970年编制的"四五"计划中，决定以大军区为依托，将全国划分为西南区、西北区、中原区、华南区、华北区、东北区、华东区、闽赣区、山东区、新疆区等10个经济协作区。② 1978年基本建成西南、西北、中南、华东、华北和东北6个大区的经济体系。这一时期，在资源和生产力合理配置的思路下，在中央高度集权的统一管理下，京津冀之间开展了多次的区域发展研究。

2. 京津冀区域合作关系

20世纪50年代初，京津冀地区一直保持着良好的经济往来关系。国家经济技术制度的颁布和实施，进一步加强了三大地区之间的联系，形成了主要依靠经济技术协作联通三地间经济往来的协作模式。北京和天津两个大型城市的形成，尤其体现在经济的集聚，经济功能的突出表现，直接导致了周围生产要素的集中。回顾这一段历史，起决定作用的有两个因素：中心城市发展规律和中央计划指令。在70年代，中央政府推行各市建立自成体系的工业经济，在中央指令性计划的影响下，京津冀三地间产业发展关系由相互合作转化为相互竞争关系。一大批计划落户河北省的大项目和好资金，转而投向北京和天津两市，北京市的燕山石化、石景山钢铁厂、东方红炼油厂等基础项目就是在这一阶段发展壮大起来的。由于这一时期京津与河北省之间的区域合作主要是以向河北省索取自然资源为主的，区域经济呈现出失衡和畸形的发展状态，经济发展质量较低，形成了低级松散的区域经济合作模式。

3.3 改革开放后的京津冀关系及其变化

3.3.1 改革开放初期京津冀关系的一般表现（1979~1995年）

1. 行政辖区关系

自1958年10月将平谷、密云、怀柔、延庆四县划入北京市管辖后，北

---

① 马海龙. 行政区经济运行时期的区域治理 [D]. 上海：华东师范大学，2008.
② 薛毅. 20世纪中国煤矿城市发展述论 [J]. 河南理工大学学报（社会科学版），2013（4）：173–188.

京市的土地面积至今没有再作调整。天津市则经国务院批准，于1979年5月，将河北省遵化县的官场、山头岭、西龙虎峪3公社全部，石门公社西梁各庄大队，小辛庄公社景各庄、各庄大队，共计50个生产大队（182个生产队）纳入天津市蓟县管辖范围。自此以后，天津市行政区域范围基本确定，国土面积没有再发生变更。需要特别指出的是，河北省国土经北京和天津两市的多次划拨后，形成了三处飞地，一处是京津之间的香河县、大厂回族自治县和三河市三市县连片飞地，隶属于河北省廊坊市，这一连片飞地面积合计2378平方公里，是目前中国面积最大的飞地，同时飞地人口也名列全国第一位。另两处飞地分别是芦台经济开发区和汉沽农场第一分场，这两处飞地均位于天津市宁河县境内。三处飞地的存在，使得河北省国土面积呈现出支离破碎的状态，也从侧面反映了京津两市对河北省所辖国土的划分历史。

2. 区域经济合作关系

（1）区域经济合作背景。1982年3月，在《北京市建设总体规划方案》中，首次提出了"首都圈"的概念。这一区域范围涵盖两个层次：第一个层次由京津两市以及冀地的唐山、廊坊和秦皇岛组成。第二个层次由河北省的承德、张家口、保定和沧州四个市域范围组成，这就为京津冀区域合作拉开了帷幕。之后不久，京、津、冀、晋、内蒙古五省（区市）在呼和浩特市召开了第一次华北地区经济技术协作会议，成立了第一个区域协作组织——华北地区经济技术协作区。这一协作组织依靠组织成员内部协商的方式，化解各区域间各种资源流通难题，引领各行业企业实行跨领域的联合协作。华北地区经济技术协作区的成立，很大程度上提升了各区域间的资源交流合作水平，在突破各地区物质资料短缺瓶颈中起到了至关重要的作用。自1986年开始，这一组织呈现出管理范围太大、各片区经济往来密切度不高、组织凝聚力减弱以及缺乏常设的管理机构等许多弊端。1988年，首都地区联合临近的保定、廊坊、唐山、秦皇岛、张家口、承德等6个地市共同成立了环京经济协作区，通过了市长、专员联席会议的重大章程，并且成立了常设工作机构。这一组织通过实施系统联合工作，打通了企业间的沟通往来大动脉，形成了各片区之间的友好经济关系，在很大程度上提高了区域经济合作的层次和水平。自20世纪90年代开始，在多种因素的交叉影响下，这一组织的影响和带动能力趋于衰落。自此以后，这一庞大的经济组织在历经 7 次大型会议后最终消失。环京经济协作区也处于断断续续的存在状态。这一大区域由于没有了协调管理组织，行业之间、企业之间、片区管理机构之间无序竞争和重复建设的情况更趋凸显。

1986 年，中国环渤海经济区成立。6 年后，在中共十四大会议上将其正式命名为环渤海经济区，指出必须加快这一地区的开发开放工作推进进程，并将其作为全国开放开发的重点区域加以谋划部署。环渤海经济区成立的成立为京津冀区域之间的经济往来开拓了广阔的发展空间。

（2）区域经济合作关系。这一时期京津冀地区合作领域呈现出多元化的趋势。在物质资料生产方面，北京市与周边市县合作共建了肉蛋菜生产基地、化工生产基地和钢铁生产基地等一批生产资料和生活资料基地，这些基地的建设运营，有效缓解了北京市的物质资料供应难题，加快了相邻市县的经济发展步伐。在市场建设方面，在各协会的助推下，北京市与多个相邻市县合作建设了农副产品交易市场和工业品批发交易市场，加快了地区间商品的流通。在设施建设方面，北京市和唐山市合作共建了京唐港，提升了京津冀合作的层次和水平。在京津产学研技术合作方面，京津科研院所和大专院校与河北省多领域企业开展了深入的对接合作，如邯郸荣药生物医学有限公司引进了中科院微生物所的白细胞介素和人体线细胞生长素等基因工程药品，石家庄西三庄引进了液晶显示器件等。这一时期，京津冀合作由单个项目型合作转变为项目合作和政府间合作同时推进，如北京市西城区和崇文区与河北省张家口市的张北县及沽源县分别签订的对口支援协议就属于这种政府间的全方位合作。

3.3.2 改革开放深化中京津冀关系的变化（1996 年至今）

1. 区域经济合作背景

从 1996 年开始，北京、天津和河北省三地之间在各领域的协作发生质的变化，三地间的协作进程加快、沟通程度加深、合作范围加大、沟通模式多变增多，合作层次进一步提高。首都北京在其战略研究报告中首次提出了首都经济圈战略，要求这一战略的发展，必须要以北京和天津二市为核心，以河北省的唐山、秦皇岛、承德、张家口、保定、廊坊、沧州七市为辅助推进首都经济圈的发展。河北省提出了外环渤海、内环京津的两环带动战略。21世纪之初，吴良镛院士创造性地提出了"大北京"地区规划的思路，引起了广泛关注，获得了较多的认同。[①] 2004年2月12日，国家发展改革委员会地区经济司召集北京、天津、河北省暨秦皇岛、承德、张家口、保定、廊坊、沧州、唐山等市召开了京津冀区域经济发展战略研讨会，最后达成了加强区域合作的"廊坊共识"。主要内容是：第一，加强京津冀区域协调发展符合区域内各方的利益。是提高区域整体竞争力的迫切需要，也是推进区域经济一体化进程的必然选择。京津冀地区的区域经济合作取得了一定成效，但在协调发展中还存在体制、机制、观念等方面的障碍。必须予以突破。第二，京津冀地区协调发展应坚持市场主导、政府推动的原则，在平等互利、优势互补、统筹协调、多元发展的基础上循序渐进，逐步形成良性互动、竞争合作的区域发展格局。第三，启动京津冀区域发展总体规划和重点专项规划的编制工作，统筹协调发展中的基础设施、资源环境、产业布局、城镇体系等相关问题。共同构建区域统一市场体系，消除壁垒，扩大相互开放，创造平等有序的竞争环境，推动生产要素的合理流动，促进产业合理分工。第四，联合开展港口、公路、铁路、机场等交通设施建设，逐步构筑联系各地的快速交通通道，形成现代区域交通体系。协调区域内重大生态建设和环境保护问题，联合开展水资源的保护与合理利用。第五，积极引导和支持区域内行业及企业间的经贸合作、技术合作，共同举办京津冀一体化论坛、经贸合作洽谈及招商引资活动。

2. 区域经济合作关系

京津冀三地在此阶段的沟通协作，无论是在深度还是在广度上都取得了前所未有的大发展，合作范围更是从单一的经济领域延伸到日常经济生活的方方面面，并且进一步确立了全新、正规的区域合作机制，形成了区域协作的框架协议。国家发改委高度重视京津冀地区的区域合作，早在2004年就着

---

① 肖华文. 北京定位世界城市——两院院士、清华大学大学教授吴良镛细说"大北京"[J]. 城乡建设, 2001 (12): 46-47.

手编制了京津冀都市圈区域规划,这一纲领性的发展规划,在推动京津冀区域经济合作中发挥了较为重要的作用。

京津冀地区的经济合作,首先表现在第一产业的物资往来。京津冀地区第一产业的合作历史悠久。长期以来形成了河北省向北京和天津二市提供新鲜蔬菜。现阶段,河北省当仁不让地成为北京和天津二市的农副产品的供应主阵地,蔬菜瓜果、家畜家禽、蛋奶鱼虾等农副产品在两大城市的市场中达40%以上。相应地,京津两市的食品加工、果蔬饮品等企业纷纷在河北省建立了原料生产基地。政府、企业与科研机构之间以科技为纽带的联合成为区域合作的一种新形式,带动了京津冀地区的农业蓬勃发展。

京津冀地区在第二产业内的合作成效并不突出。原因在于三地间并不具备产业梯度转移的基础条件,各产业的沟通链断裂较为严重难以解决。这一时期第二产业领域的沟通协作主要涉及两个方面:一是初步形成了具备一定规模的京津塘高速公路沿线的高新技术产业带,为以后以高新技术产业和现代制造业为主导的新经济产业发展奠定了良好的基础;二是京津冀地区的产业梯度转移缓步推进,一些产业链条正在形成。北京的部分传统重工业开始向河北省转移,大型钢铁和传统制造业的合作日趋紧密,京津的汽车和电子信息产业的零部件、配套生产企业在为本行政区的企业提供产品的同时,也为相邻政区的企业提供产品和服务。

第三产业的合作主要集中在商贸流通领域和旅游领域。商贸流通领域联合协作方面,2006年,京津冀地区十三个地市共同发布了《京津冀都市圈城市商业发展报告》,声明将在自身管辖区域内施行报告要求的质量认证体系。区域内地市大力推行商业信息联网共享、物流资源整合和连锁经营等一系列关键措施,这一区域内的商贸、物流和口岸等领域联合协作取得了重大突破。旅游领域联合协作方面,2005年,在承德召开的中国北方环渤海旅游区域合作论坛上,北京、天津、大连、沈阳、鞍山、秦皇岛、承德、唐山、赤峰、锦州、葫芦岛等环渤海11个城市联合签署了《中国北方环渤海11城市旅游区域合作框架协议》,宣布从2006年1月1日起,在环渤海11个城市旅游区域内共同开放旅游市场,实施无障碍旅游机制。合作的内容从简单的物资交换发展到技术合作、资本联合、资源的优化配置以及水资源保护与合理利用、重大生态建设和环境保护等方面。合作的地域范围由较发达地区向落后地区扩展，而且更涉及环渤海地区的辽宁、山东、山西、内蒙古等地。在基础设施领域，京津冀在机场、港口、轨道交通和公路等基础设施建设方面的合作不断深化。首都机场和天津机场实现了跨区域的联合。北京与天津港口岸已开始直通。北京的城市公交线路已经延伸到河北的涿州、廊坊、固安等地，京津城际轨道也已经通车，京津半小时都市圈初步形成。

3.4 本章小结

本章重点对河北省与京津发展关系的演化从历史的角度进行了全面梳理。主要沿着"新中国成立前历史时期的京津冀关系—新中国成立后计划经济时期的京津冀关系—改革开放后的京津冀关系"这一时间链条展开归纳总结。梳理了18世纪以前的明清时期与18~19世纪的民国时期的冀京的行政区划、城际关系、交通关系和经济关系；紧接着又分析了新中国成立后京津冀的行政区划、区域经济合作关系；最后分两个时期对改革开放以来京津冀行政区划和区域经济合作进行分析。从这一系列京津冀关系的梳理，可以看出，京津冀区域发展从来都是不可分割，相互联系、相互影响的，虽然在历史时期，北京、天津和河北省的地位不同，所承担的地区功能也不相同，但是，三地的发展从历史渊源来看，谁也离不开谁，即使由于历史原因河北省和京津的差距较大，但是河北省的发展绝对绕不开北京和天津，而北京和天津的发展，也不可能抛开河北，这一历史关系的梳理为京津冀协同发展中的河北省经济策略研究提供了发展的基础。

4

协同视角下河北—京津的区域经济发展差异及原因分析

区域经济协同发展理论认为,区域内的各个经济主体之间的地位和关系是平等的,在发展过程中它们不是从属关系而是伙伴关系,在发展中应该进行平等协商,在提升整体区域竞争力和增进区域整体利益的目标下,各区域经济主体应该做到优势互补,共同发展。但是区域经济协同发展不能否认区域内部的经济主体的经济发展水平的差距;相反,只有正确认识区域内各经济主体的经济发展差距,才能更好地寻求区域内经济要素与经济要素之间的协同,最终实现区域整体竞争力的提升。

在协同发展视角下,京津冀三地应该在平等中建立良好的合作伙伴关系,充分发挥自身优势,做到优势互补、共同发展,进而实现真正的协同发展。京津冀协同发展是让每一个经济主体都正确认识自身的功能定位,并在合适的功能定位中谋求发展。因此,本章首先对国家战略层面京津冀协同发展中对三地的区域功能定位进行了厘清,只有厘清了三地的区域功能定位,才能进一步谋求区域经济发展;其次,京津冀协同发展不能否认京津冀三地的经济发展水平的差距,要真正实现京津冀协同发展,必须详细分析京津冀经济发展的现状,本章从京津冀三地在经济发展梯度、产业梯度、城镇层级三个方面分析京津冀存在的差距,并对形成差距的原因进行分析,目的是为河北省更好地融入协同发展进程提供参考。

4.1 京津冀协同发展的国家定位分析

4.1.1 京津冀协同发展战略的提出

基于发展现状，京津冀的区域经济发展较为迅速，但是也存在着很多的制约，其中最重要的问题是空间发展和可持续发展关系的矛盾，致使其正日益面临着生态环境持续恶化、城镇体系发展失衡、区域与城乡发展差距不断扩大等突出问题。尤其是作为首都的北京，近年来"摊大饼"式的发展使得"大城市病"凸显：交通拥堵、房价高涨、生态环境恶化，资源环境生态各方面面临着严峻的考验，这严重威胁着北京作为首都城市的可持续发展。与此同时，京津冀区域也已经成为资源环境承载力不堪重负的区域，这严重影响京津冀区域在国内和国际竞争力的大小，因此，京津冀区域在这一方面亟待加强。在这样的背景下，国家提出京津冀协同发展的战略框架，并将京津冀协同发展确定为国家重大发展战略。

作为国家顶级战略，京津冀协同发展经历了从1982年在《北京城市建设总体规划方案》中提出构建双重"首都圈"设想，至2014年上升为国家战略，再到《京津冀协同发展规划纲要》获批的一系列过程，在此期间备受社会各界关注。该战略旨在通过协同或者"一盘棋"发展这样一种方式，协调京津冀区域的各个经济主体在经济发展、城市运行、社会进化、文化共识、环境保护等多方面的发展差距、发展思路、发展方向、发展规模以及发展速度，最终形成在各经济主体优势禀赋基础上，以各自所能够适应的方式融入协同发展的进程，从而以整体的思想调整内部结构、组合好内部的零件，形成以整体利益最大化为终极目标的协同发展格局。

京津冀协同发展，中心是京津冀三地作为一个整体协同发展，要以疏解北京非首都功能、解决北京"大城市病"为基本出发点，调整优化城市布局和空间结构，构建现代化交通网络系统，扩大环境容量生态空间，推进产业升级转移，推动公共服务共建共享，加快市场一体化进程，打造现代化新型首都圈，努力形成京津冀目标同向、措施一体、优势互补、互利共赢的协同发展新格局。

4.1.2 京津冀协同发展中河北省区域经济状态

京津冀协同发展中,并不是要求京津冀三地起点相同的同步发展,因为,从现实发展的角度看,京津冀三地的区域经济发展差距较大,具体表现在北京和天津作为京津冀区域的中心城市,经济发展水平较高,分别处于后工业化发展阶段和工业化后发展阶段,相比较而言,河北省的经济发展水平较低,仅处于工业化中期发展阶段。因此,河北省在京津冀协同发展中,应该立足自身发展现状,力图强化自身优势,凭借环京津的区位优势借力京津对其经济影响力,和京津优势形成比较互补格局,寻求自身可持续发展途径。

从第三章所分析的京津冀三地的历史发展关系演进中可以看出,京津冀三地从历史上来看,无论在行政区划、城际、交通还是区域经济合作方面都有着深远的历史渊源,合作从来都没有中断过,虽然在不同时期合作的程度不同。在历史时期,天津隶属于河北省,北京依靠河北省为其提供资源等要素,天津和北京的发展在很长一段时间是依靠河北省贡献而发展起来的,河北省由于地处京津两大城市的腹地,因此,一直是以为京津、重点是为北京服务的角色定位发展,在资源供应、生态屏障等方面都为京津的发展做出了重要的贡献。但是,就目前河北省的经济发状态而言,处于京津腹地的河北省无论在经济发展、社会发展、基础设施等方面都和京津有着很大的差距,加上京津中心城市的优势,不断吸引和聚集腹地河北省的人才、资金、信息等要素,"虹吸效应"凸显,致使河北省优势资源要素源源不断的流入京津,但是京津对周边河北省的扩散和辐射效应却不能很好地发挥作用,当然这和河北省自身的接受京津扩散和辐射的条件较差也有着很大的关系。

4.1.3 京津冀协同发展中的河北省着眼点

《京津冀协同发展规划纲要》已经为北京、天津、河北省三地的角色定位进行了确定,北京是全国的政治中心、文化中心、国际交往中心、科技创新中心;天津市是全国先进制造研发基地、北方国际航运中心区、金融创新运营示范区、改革开放先行区;河北省是全国现代商贸物流重要基地、产业转型升级试验区、新型城镇化与城乡统筹示范区、京津冀生态环境支撑区。[①]在这样的功能定位下，京津冀三地都应该认真思考，着眼自身的发展现状，谋求在协同发展机遇下的更大发展。

就河北省而言，在区域经济发展方面和京津的差距很大，这种差距主要体现在京津区域经济发展相对较好，而河北省发展相对较弱。客观来看，河北省处于多方发展劣势。而京津冀协同发展为河北省的发展提供了良好的契机，因此，河北省首先应该正视这种差距，将区域经济发展的着眼点放在和京津的经济联系和挖掘自身发展优势两方面谋求发展出路。具体而言，在产业发展方面，一方面，应该紧紧抓住北京转移非首都城市功能的契机，积极承接北京的部分服务业，抓紧天津建设先进制造业、拟将部分工业转出的契机，积极承接天津的部分工业，寻求在产业发展承接上的突破；另一方面，应该积极自足自身优势，培育本省的优势产业、主导产业和新兴产业，力求在自身产业发展上寻求突破。在城镇发展方面，一方面，应重点发展和京津接档的区域性中心城市；另一方面，培育省域集聚能力强的节点城市和重点城镇。只有河北省将着眼点放在大力进行产业发展和城镇发展这两大方面，河北省的区域综合实力才能得到提升，才能真正地实现和京津的协同发展。

然而，要做到产业和城镇的大力发展，必须先认清河北省和京津在区域经济、产业发展、城镇发展方面存在的差距。因为，区域经济协同发展的一个重要的前提是经济要素的差异性和不平衡性。只有认清这些，河北省才能够在"一盘棋"的思想下和京津实现真正的协同发展。

4.2 河北—京津区域经济发展梯度分析

4.2.1 河北—京津的区域差异分析

就河北省和北京、天津两大城市的历史关系的演变分析中，我们可以看

[①] 财经网. 领导小组解读：十点速读京津冀协同发展规划纲要［Z］. http://economy.caijing.com.cn/20150824/3953083.shtml

4 | 协同视角下河北—京津的区域经济发展差异及原因分析

出,无论是在经济地位、政治地位上,河北省和北京、天津两大城市之间都存在着一定的差距。我们的研究对象主要选择包括河北省 11 个设区市和北京、天津在内的 13 个城市进行分析。

京津冀地区主要包括北京、天津两大城市,以及河北省的石家庄、唐山、承德、张家口、保定、沧州、邯郸、邢台、衡水等 11 个城市。京津冀区域的土地面积较为辽阔,约为 21.6 万平方公里,约占全国国土总面积的 2.2%;京津冀区域共有 10919.6 万人,约占全国人口的 7.9%;2013 年京津冀区域 GDP 为 62172.2 亿元,在全国 GDP 中所占的比重为 10.9%。目前,这一地区已成为我国北方最具发展活力和发展潜力的地区之一。

北京、天津两大城市和河北省 11 个设区市,由于历史、地缘、文化、社会、经济等因素,长期相互依存、紧密相连,具有区域接近性的空间特点,其地理位置和范围如图 4-1 所示。

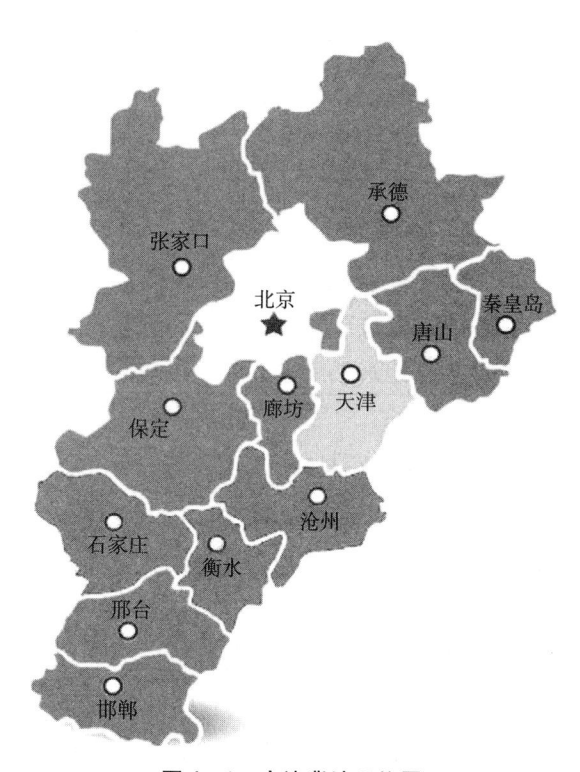

图 4-1 京津冀地理位置

京津冀地区一个显著的特点就是区域内经济发展水平差异非常明显。如表4-1所示。

表4-1　　　　　　　京津冀各城市的基本情况（2013年）

地区	人口（万人）	面积（km²）	GDP（亿元）	人均GDP（元）	优势资源
北京市	2114.8	16411	19500.6	93213	旅游、文化、航空、铁路、人才、科技、信息资源
天津市	1472.2	11917	14370.16	99607	石油、天然气、地热等矿藏资源，港口资源
石家庄	1049.98	15848	4863.6	46321	科技、信息、人才、非金属资源
唐山	770.8	13742	6121.21	79414	农副产品、渔场、原盐、滩涂、浅海
秦皇岛	304.52	7802	1168.75	38380	港口资源、旅游资源
邯郸	932.51	12065	3061.5	32831	文化资源
邢台	721.69	12433	1604.58	22234	矿产资源
保定	1141.63	20900	2904.31	25440	矿物资源、旅游资源、湿地资源
张家口	441.33	36873	1317.02	29842	农牧业资源、矿产资源、土地资源
承德	351.51	39735	1272.09	36189	矿产资源、野生动植物及特色农产品资源、水资源、太阳能、风能、水能、地热能、生物质能等可再生能源
沧州	730.95	14053	3012.99	41220	文化旅游资源、湿地资源、农业资源、石油资源、天然气、盐、海洋资源
廊坊	446.84	6382	1943.13	43486	土地资源、人力资源
衡水	440.85	8825	1070.23	24277	矿产资源、地热资源、湿地资源
河北省	7332.6	188800	28301.4	38716	

分析京津冀13个城市的具体情况，就人口而言，北京人口最多，占京津冀的19.4%；天津居于其次，占京津冀人口的13.5%；河北省人口最多的城市是保定，占京津冀的10.5%，河北省人口最少的城市是秦皇岛，仅占京津冀的2.8%。河北省人口规模较小的城市还有张家口、承德、廊坊、衡水，其人口数量与秦皇岛相差不大。因此，从人口规模上来看，京津冀区域内差别较大。就面积来看，河北省地域广阔，其面积是北京的15.7倍，是天津的11.8倍，土地资源和京津相比占有绝对优势。就具体城市而言，河北省的承德行政区土地面积最大，张家口居于其次，保定位居张家口之后。北京行政

区土地面积居于第四位，天津行政区土地面积比北京略小。河北省行政区面积最小的是廊坊市，仅为北京的39%。从经济总量来看，2013年河北全省份的GDP不及北京和天津两大城市，两大城市的GDP总和占整个京津冀地区GDP的54.5%，河北省和北京、天津两大城市相比，差距很大。具体到13个城市的比较，北京的GDP居于京津冀第一位，其次是天津。北京的GDP是河北省GDP最高的城市唐山的3.2倍，天津的GDP是唐山的2.3倍；省会石家庄GDP在河北省位居唐山之后，北京GDP是石家庄的4倍，天津的GDP是石家庄的3倍；河北省GDP最小的是衡水市，北京GDP是衡水的18倍，天津的GDP是衡水的13倍；而河北省和衡水市GDP不相上下的城市还有张家口、承德、秦皇岛等。从GDP总量的比较来看，河北省的11个城市和京津的差距很大。

从人均GDP的数值来看，北京、天津两大城市遥遥领先，远远高于河北省，占绝对优势。2013年京津冀人均GDP最高的天津市，其次是北京市。天津市人均GDP是河北省的2.57倍，北京市人均GDP是河北省的2.41倍，差距十分明显。天津人均GDP是河北省人均GDP最高的唐山市的1.7倍，是河北省人均GDP第二的省会石家庄的2.2倍。北京人均GDP是河北省人均GDP最高的唐山市的1.2倍，北京人均GDP是河北省人均GDP的第二的石家庄市的2倍。河北省人均GDP最低的是邢台，天津人均GDP是邢台的4.5倍，北京人均GDP是邢台的4.2倍，河北省与邢台人均GDP水平相当的还有衡水、保定。而且张家口、承德、邯郸等城市，其人均GDP均低于河北省的人均GDP，处于低位。从人均GDP数据来看，河北省的11个城市与北京和天津相比，差距甚大。

从优势资源来看，北京的旅游、文化、人才、科技、信息等新兴服务业都是北京的优势资源。天津不仅具有丰富多样的港口资源，还具有石油、天然气、地热等丰富的矿藏资源。石家庄除了聚集科技、信息、人才等要素，其下辖县区天然是非金属资源大县，石灰石、氧化钙等矿产资源储量及品位均属华北之首。唐山是多种农副产品的富集产区，盐场、沿海陆域海岸线和滩涂等资源丰富且开发潜力大。秦皇岛主要是煤炭、石油等港口资源和旅游资源十分丰富，还是重要的主枢纽港。邯郸素来是交通要道，矿产资源、文化资源也具有特色。邢台的煤炭、铁矿石等矿产资源丰富。保定矿物资源、旅游资源、湿地资源都十分丰富。张家口的粮食、蔬菜、果品、畜产品农牧业资源和煤、铁、金等矿产资源以及土地资源丰富。承德的钒钛、花岗岩等矿产资源和特色农产品、中药材、水资源，以及太阳能、地热能等可再生能源丰富。沧州的文化旅游资源、湿地资源和农业资源，及石油资源得天独厚。廊坊地处北京、天津两大城市之间，区位优势独特，依靠其丰富的人力资源和土地资源，借力京津的人才和科技、交通网带和庞大的消费市场进行发展，素有"京津走廊明珠"的美誉。衡水的石油、地热、矿泉水、油气等资源丰富；特别是衡水湖为华北地区提丰富的湿地资源。从资源优势来看，京津冀13个城市资源优势各异，且各具特色。

综上所述，京津冀地区内部的13个城市差异性十分突出。本书要分析京津冀协同发展中的河北省区域经济发展，还需要对京津冀区域13个城市的梯度差异进行综合性分析，并分析形成这种梯度差的原因。

4.2.2　河北省设区市与京津经济发展梯度分析

通常，不同地区的历史发展、资源含量、文化发展、社会发展和经济发展等方面的差异会导致区域经济发展的差异。但是在分析地区间差异时，诸如历史、文化等因素却很难量化，因此，区域经济学就用可以量化的经济、社会及影响两者的因素的指标集合反映地区间的经济差异。这就需要首先建立能够反映地区的综合发展水平的评价指标体系。

1. 区域经济发展梯度的指标体系构建与计算模型

由于地理位置的自然禀赋和经济社会发展的原因，区域与区域之间、一个区域内部会呈现明显的经济发展水平差异的空间层次特征，导致不同区域或区域的不同内部在宏观上发展水平和发展潜力会有所差异，在微观上产生经济效益和投资效益的明显差异，这就形成区域发展梯度，在区域经济学理论中，这被称为"经济梯度"。学者们认为一般意义上的经济梯度多指不同经济地理空间的经济发展水平和发展潜力的差异程度，其高低在很大程度上既能够反映出某一区域的综合经济发展水平，也能够反映出某一区域或区域内部在整个区域中的特有地位。

(1) 评价指标体系的建立。

在区域经济学研究中，区域经济梯度反映区域之间或区域内部的经济发展差异，通常用经济梯度差来衡量。区域经济梯度差由多种因素决定，从而引发衡量指标也非常复杂。区域经济梯度差的影响因素所选取的衡量指标主要是能够反映一个区域的核心竞争力和发展潜力，具体来讲，区域核心竞争力指标反映现有发展水平和经济实现能力，而发展潜力指标反映区域经济梯度未来可能的变化和区域经济扩展的客观事实。

本书根据系统性、可比性、可操作性三个原则，综合数据的可获得性多种因素，并且借鉴权威期刊衡量区域经济发展水平的指标选择，反复进行衡量推敲和甄别，建立了区域经济发展水平的综合评价指标体系，并通过建立的综合指标体系来计算和划分区域经济发展梯度。将影响区域的核心竞争力和发展潜力因素共归为两大类：经济发展，包括经济规模、经济结构、经济流动、经济效益；社会发展，包括居民生活、教育科技文化、城市承载力、环境质量。其中，经济发展中的经济规模、经济结构、经济流动、经济效益，社会发展中的居民生活、教育科技文化发展反映了区域的现实核心竞争力；社会发展中的城市承载力、环境质量反映了区域的发展潜力。这些指标中，需要注意的是，教育科技发展在梯度经济发展中占有重要地位，这是由于，产业结构优劣是区域经济盛衰的主要因素，而教育科技的发展能够推进产业结构进一步优化。确定两大类影响因素之后，选取相应的具体指标来体现这两大类影响因素，并以这些指标来反映区域经济发展的综合水平，从而计算不同区域经济主体的梯度值。

表4-2 区域经济发展评价指标

目标	一级指标	二级指标	三级指标
区域经济发展水平	经济发展	经济规模	人均固定资产投资总额 人均社会商品零售额 人均金融机构贷款余额 城市就业人数 人均地方财政预算内收入
		经济结构	规模以上工业增加值比重 第三产业比重 城市化率

续表

目标	一级指标	二级指标	三级指标
区域经济发展水平	经济发展	经济流动	货物和服务净流出 单位 GDP 实际利用外资额
		经济效益	人均 GDP 单位 GDP 能耗 规模以上工业企业利润
	社会发展	居民生活	农村人均可支配收入 在岗职工平均工资 居民人均储蓄额 医生人数
		教育、科技、文化	每千人普通中学在校生人数 科学技术支出 专利申请授权量 人均图书馆藏 互联网接入户
		城市承载力	建成区面积 人均城市道路面积 人均供水量 商品房销售总额
		环境质量	工业废水排放量 SO_2 排放量万吨 人均绿地面积

（2）计算模型。

第一，建立 m 个样本的 n 个指标的数据矩阵。为使数据具有科学性和客观性，首先对数据进行标准化处理：

$$X'_{ij} = (X_{ij} - \overline{X}_j)/\delta_j$$

其中，

$$\overline{X}_j = \frac{1}{m} \sum_{i=1}^{m} X_{ij}$$

$$\delta_j = \sqrt{\frac{1}{m-1} \sum_{i=1}^{m} (X_{ij} - \overline{X}_j)^2}$$

第二，计算指标的协方差阵：

$$V = \frac{1}{m-1}X'X$$

第三，计算协方差阵的 n 个特征值：

$$\lambda_1 > \lambda_2 \cdots > \lambda_n$$

其中，λ_n 对应的特征向量为

$A_i = (a_{1j}a_{2j}\cdots a_{nj})$，$j = 1, 2, \cdots, n$，则 n 个主成分 y_1、y_2，$\cdots$，y_n 关于指标 x_1、x_2，$\cdots$，x_n 的函数表达式为

$$y_1 = a_{11}X_1 + a_{21}X_2 + \cdots + a_{n1}X_n$$
$$y_2 = a_{12}X_1 + a_{22}X_2 + \cdots + a_{n2}X_n$$
$$\vdots$$
$$\vdots$$
$$y_n = a_{11}X_1 + a_{2n}X_2 + \cdots + a_{nn}X_n$$

第四，计算累积贡献率：

$$C_{(k)} = \sum_{j=1}^{k}\lambda_j \bigg/ \sum_{j=1}^{n}\lambda_j$$

第五，计算主成分权重：

关于指标的选择可以根据上面的分析进行数据的带入，而确定各指标的权重，就成为计算区域各经济主体的综合评价值，并进行经济梯度划分的重要环节。目前确定权重的方法可以采用层次分析法和主成分分析法。本研究在此采用主成分分析法，根据各样本的数据统计计算出能反映绝大部分信息量的几个主成分，对表征贡献率的特征值归一化作为权重值。

$$W_k = \lambda_k \bigg/ \sum_{j=1}^{i}\lambda_j$$

第六，计算第 i 个样本的综合评价值，综合评价值的公式为

$$g_i = \sum_{k=1}^{i}\lambda_j w_j x_{ij} \quad i = 1, 2, 3, 4, 5, \cdots, m$$

通常情况下，为了方便比较综合评价值，就在综合评价值的基础上乘以 100，从而使得所有数据的结果在 0~100。

这样，其实综合评价值的最终结果应该是

$$y_i = w_j x_{ij} \times 100$$

最后，根据计算的综合评价值对区域经济发展梯度进行划分。

以上计算模型是对区域经济发展综合评价值计算过程进行了分析，本研究在具体计算京津冀13个城市的区域经济综合评价值时通过计算机应用软件进行以上操作来实现。

2. 河北省设区市和京津经济发展梯度实证分析

（1）河北11个设区市和京津经济发展梯度计算。在区域经济发展梯度计算中，经济发展指标分类按照上面分析已经确定，本书大致选取了上面所确定的两大类影响因素来反映京津冀区域经济发展，我们对指标分类进行了更为具体的划分，由于资源环境这一因素反映区域经济发展的可持续性，在这里把反映资源环境的因素单独列出来，因而影响因素可以分为三类：经济发展、社会发展、资源环境。利用反映经济发展、社会发展、资源环境等三类影响因素的29个指标，来计算2013年北京、天津和河北省的石家庄、唐山、承德、张家口、保定、廊坊、秦皇岛、沧州、邯郸、邢台、衡水等11个设区市的经济发展梯度综合值。这29个指标的数据均来源于2014年《北京市统计年鉴》《天津市统计年鉴》《河北省统计年鉴》《中国城市统计年鉴》以及13个城市的统计公报，部分数据通过计算估计整理获得，如表4-3所示。

表4-3　　　　　　　　京津冀城市发展综合实力指标体系

一级指标	具体指标体系
经济发展	固定资产投资总额、社会商品零售额、金融机构贷款余额、货物和服务净流出、城市就业人数、实际利用外资额、商品房销售总额、规模以上人均地方财政预算内收入上工业增加值比重、第三产业比重、非农人口比重、人均GDP、建成区面积、单位GDP能耗、规模以上工业企业税收
社会发展	在岗职工平均工资、居民人均储蓄额、互联网接入户、医生人数、农村人均可支配收入、普通中学在校人数、科学技术支出、专利申请授权量、图书馆藏
资源环境	人口密度、人均城市道路面积、人均公园绿地面积、人均供水量、工业废水排放量、SO_2排放量万吨

说明：1. 指标口径为全市；2. 人均供水量、人均城市道路面积、人均绿地面积由于统计原因，采用市辖区数据。

借助于统计软件SPSS19.0的主成分分析功能来计算北京、天津、石家庄、承德、张家口、保定、廊坊、秦皇岛、沧州、邯郸、邢台、衡水等13个

城市区域经济综合评价值,用综合评价值反映13个城市的综合实力排名,并进行区域经济发展梯度的划分。具体分析结果如下:

用主成分分析法对29个原始指标进行分析,系统输出计算结果包含KMO测度、巴特利球体检验和主成分贡献率。如果KMO在0.9以上为非常适合;0.8~0.9为很适合;0.7~0.8为适合;0.6~0.70为不太适合;0.5~0.6为很勉强;0.5以下为不适合。测算结果显示,KMO值为0.832,接近于1,通过KMO测度和巴特利球体检验,而且表中的巴特利球体检验的统计值的显著性概率是0.000,小于1%,也说明数据具有相关性,适宜做主成分分析,如表4-4所示。

表4-4　　　　　　　　KMO 和 Bartlett 的检验结果

KMO		0.832
Bartlett 的球形度检验	近似卡方	1744.173
	df	190
	Sig.	0.000

对所有的指标数据进行标准化处理、协方差阵计算后,得到特征值、贡献率和累积贡献率,再进行提取平方和载入和旋转平方和载入,发现第5个特征值的贡献率已经降到了1.718%,前5个特征值累积贡献率已经达到94.759%,结果如表4-5所示。

表4-5　　　　　　　　　特征根与方差贡献

成分	解释的总方差								
	初始特征值			提取平方和载入			旋转平方和载入		
	合计	方差的%	累积%	合计	方差的%	累积%	合计	方差的%	累积%
1	19.055	65.706	65.706	19.055	65.706	65.706	16.869	58.168	58.168
2	3.625	12.500	78.206	3.625	12.500	78.206	3.482	12.008	70.176
3	1.988	6.855	85.061	1.988	6.855	85.061	2.772	9.557	79.733
4	1.590	5.482	90.542	1.590	5.482	90.542	2.640	9.102	88.835
5	1.223	4.217	94.759	1.223	4.217	94.759	1.718	5.924	94.759

对公因子数量的确定以特征根大于1为选择标准,通过因子分析共提取5个特征根大于1的因子,解释总体方差的94.759%。此次公因子分析经过迭代后收敛,结果如表4-6所示。标记各成分中载荷绝对值大于0.5的指标,按照各成分相似程度,重新划分公因子。

表4-6　　　　　　　　　　旋转成分矩阵

因子	成分 1	成分 2	成分 3	成分 4	成分 5
人均固定资产投资	0.157	0.845	0.389	0.119	0.223
人均社会消费品零售总额	0.847	0.407	0.169	0.175	0.171
人均金融机构贷款余额	0.875	0.382	0.276	0.034	0.030
人均地方财政预算收入	0.853	0.362	0.369	0.051	0.007
城市就业人数	0.966	0.100	0.121	0.129	0.071
规模以上工业增加值比重	-0.757	0.510	-0.075	0.181	0.089
第三产业比重	0.941	0.000	0.178	0.010	0.088
非农人口比重	0.831	0.389	0.312	0.178	0.129
货物及服务净出口	-0.191	-0.026	-0.935	0.014	-0.045
单位GDP实际利用外资额	0.266	0.326	0.800	0.201	0.053
人均GDP	0.642	0.688	0.209	0.173	0.114
规模以上工业企业利润	0.553	0.534	0.497	0.317	0.141
在岗职工平均工资	0.931	0.273	0.216	0.033	0.010
农村居民人均可支配收入	0.811	0.390	0.218	0.291	0.057
人均居民储蓄余额	0.962	0.212	-0.010	0.006	0.009
医生人数	0.951	0.044	0.016	0.206	0.148
普通中学在校生	0.424	-0.031	0.117	0.636	0.427
科学技术支出	0.992	0.012	0.013	0.030	0.008
专利授权量	0.970	0.095	0.163	0.087	0.023
人均图书馆藏	0.983	0.115	0.123	0.000	0.009
互联网接户	0.945	0.037	-0.025	0.227	0.166
建成区面积	0.928	0.224	0.208	0.116	0.116
人均城市道路面积	-0.560	-0.604	0.319	0.139	0.329
人均供水量	0.605	-0.169	0.017	-0.023	0.705
商品房销售总额	0.961	0.210	0.140	0.089	0.001
人均绿地面积	0.084	-0.315	-0.056	-0.894	0.011

4 | 协同视角下河北—京津的区域经济发展差异及原因分析

续表

因子	成分				
	1	2	3	4	5
单位能耗逆1	0.945	-0.022	0.307	-0.005	-0.020
二氧化硫逆1	0.152	-0.388	-0.095	-0.187	-0.840
工业废水逆1	-0.145	0.047	-0.062	-0.933	-0.053

根据表4-6的内容，重新划分公因子，其中，第一类公因子主要描述社会发展，特别是第三产业及新兴服务业发展，命名为新兴服务业因子。第二类公因子重点反映经济发展水平，主要是各城市工业发展程度，将其命名工业发展因子。第三类因子重点涉及外向经济因素，主要是净流出和利用外资，反映经济通过出口对外界的辐射和往来，将其命名对外辐射因子。而人均绿地和环境，反映环境质量，故命名为环境运行因子。供水和城市道路面积从生活生产和交通方面反映城市对于产业和人口的容纳，称为城市承载力因子。每个因子的得分值如表4-7所示。

表4-7　2013年京津冀13个城市发展综合实力因子得分、综合得分

城市	新兴服务业	工业发展	对外辐射	环境运行	城市承载力	综合得分
北京	3.259	-0.315	-0.457	-0.058	-0.04	1.91
天津	0.245	1.695	2.731	0.653	0.098	0.71
石家庄	-0.121	-0.024	-0.464	0.723	1.615	0.05
唐山	-0.303	2.105	-1.789	0.652	0.373	-0.01
秦皇岛	-0.098	-0.86	0.683	-0.921	0.511	-0.16
邯郸	-0.543	-0.535	-0.038	0.603	1.079	-0.28
邢台	-0.463	-0.541	-0.301	0.382	0.039	-0.34
保定	-0.324	-1.479	0.435	0.647	0.464	-0.25
张家口	-0.36	-0.337	-0.196	-0.182	-0.127	-0.31
承德	-0.389	0.461	-0.098	-2.857	0.545	-0.43
沧州	-0.366	-0.124	-0.317	0.578	-1.107	-0.29
廊坊	-0.153	0.586	-0.125	-0.491	-1.492	-0.17
衡水	-0.384	-0.634	-0.064	0.27	-1.959	-0.42

为方便后续实证分析和进一步综合评价京津冀13个城市发展的综合实

力，将各城市的综合得分进行极差标准化处理。计算方法为

$$x_{ij} = [x_{ij} - \min_i(x_{ij})]/[\max_i(x_{ij}) - \min_i(x_{ij})] \qquad (4-1)$$

其中，i 表示城市（$i=1,2,\cdots,13$），j 表示五个因子得分（$j=1,2,\cdots,5$）。则京津冀城市综合发展实力的综合评价值为

$$y_i = \sum_{j=1}^{5} w_j x_{ij} \times 100 \qquad (4-2)$$

根据表 4-7 中的各城市综合得分，通过运用 SPSS19.0 软件再计算的五个因子权重分别为：0.6138、0.1267、0.1009、0.0961、0.0625，综合公式（4-1）和公式（4-2）计算得出 2013 年京津冀 13 个城市发展综合实力评价值，如表 4-8 所示。

表 4-8　　　　　　2013 年京津冀 13 个城市发展综合实力的评价

城市	综合实力总得分	排名	城市	综合实力总得分	排名
北京	79.34	1	保定	22.14	7
天津	47.06	2	张家口	20.93	10
石家庄	30.78	3	承德	17.51	13
唐山	30.04	4	沧州	21.64	9
秦皇岛	24.40	6	廊坊	24.48	5
邯郸	21.84	8	衡水	17.80	12
邢台	20.12	11	平均值	29.08	

由表 4-8 的结果显示，京津冀 13 个城市中，首先北京得分值最高，其次是天津，而衡水、承德两个城市的综合得分值在 20 以下，这与京津两市形成较大的极差值。对结果进行进一步分析，京津冀 13 个城市综合实力得分的平均值为 29.08，标准差为 16.98，其中廊坊、秦皇岛、保定、邯郸、沧州、张家口、邢台、衡水、承德等 9 个城市的综合得分值在平均值以下。从这些数据的比较结果可以看出，京津冀 13 个区域经济主体在空间上存在着非常明显的梯度性差异。

（2）河北 11 个设区市和京津经济发展梯度分区。京津冀 13 个经济主体在区域经济发展方面存在着非常明显的梯度差。一般情况下，区域经济主体的综合得分值越大，说明其综合实力越强，处于高梯度位置；相反，区域经

济主体的综合得分值越小，说明其综合实力越弱，处于低梯度位置；高梯度和低梯度地区的经济发展总是存在着落差。

在对经济梯度划分时，应因地制宜，结合自然、经济、社会的统一性和考虑某些地区发展的特殊性，按照梯度值的大小进行分区。按照结果，对京津冀13个经济主体划分为5个梯度区，即高梯度地区、较高梯度地区、中梯度地区、较低梯度地区、低梯度地区，结果如表4-9所示。

表4-9　　　　　　　　　京津冀13个经济主体梯度分区

分类标准	分类范围	分类
高梯度地区	50以上	北京
较高梯度地区	40~50	天津
中梯度地区	30~40	石家庄、唐山
较低梯度地区	20~30	廊坊、秦皇岛、保定、邯郸、沧州、张家口、邢台
低梯度地区	20以下	衡水、承德

从表4-9可以看出，京津冀区域13个城市综合发展水平可以划分为五个梯度：

第一梯度区有一个地区：北京。北京的综合实力得分值最高，为79.34，属于高梯度的发达地区。这一高梯度区城市化水平很高，产业结构更加合理，尤其是北京的第三产业比重高达76%。而且北京的科技水平、教育水平和交通便利度明显占据优势，这也为北京处于第一梯度贡献力量。

第二梯度区有一个地区：天津。天津的综合实力得分值较高，为47.06，属于较高梯度的较发达地区。天津的城市化水平较高，工业比重较高，最突出的是其对外经济辐射因子得分最高，说明天津的对外辐射能力最强，这和天津港口城市的重要地位密不可分，近年来天津已成为京津冀区域甚至环渤海地区的金融中心。

第三梯度区有两个地区：石家庄、唐山。石家庄和唐山的综合评价值分别为30.78和30.04，两个城市的综合实力得分值非常接近，可以被界定为中梯度地区。2013年石家庄和唐山的城市化率刚刚超过全国53.73%的水平，和高梯度的北京、天津相比差距很大。石家庄作为河北省的省会，在城市建设等方面投资较多，经济发展势头较猛，已经成为河北省的经济中心之一。

唐山由于处于环渤海地区的优越地理位置，属于沿海开放城市，地域广阔，工业企业较为发达，港口经济蓬勃，经济发展速度较快，是河北省省域经济增长极之一，经济发展水平在河北省最高。

第四梯度区有7个地区：廊坊、秦皇岛、保定、邯郸、沧州、张家口、邢台。这一梯度的7个城市属于欠发达地区，其综合实力得分值在20～30，可以被界定为较低梯度地区。这些地区经济主体的地区生产总值较低，2013年除了廊坊的人均地区生产总值比全国的水平稍高，其余6个地区的这一指标均低于全国的人均地区生产总值。廊坊由于在距离上和京、津较近，借助与京、津的经济联系，具有一定的经济发展潜力；由于黄骅港的港口发展，沧州的经济水平也有了较大幅度的提升。但总的来看，处于第四梯度的地区经济总水平总体较低。

第五梯度区共两个地区：衡水、承德。这两个经济主体的综合实力得分值为17.80和17.51，排名处于京津冀13个城市的最后两位，属于低梯度地区。这两个地区工业现代化发展普遍较慢，交通缺乏便利性，科技文化较落后，在京津冀的13个地区中的属于经济落后区。

从以上经济发展梯度的划分可以看出，京津冀区域经济发展梯度在空间上具有一定的表现特征，第三产业特别是新兴服务业发展水平高、工业发展水平高、交通干线发达的经济主体综合得分值较高，属于较高经济发展梯度；河北省省域的沿海和省会城市居于中度经济发展梯度，河北省省域陆域和山区经济发展梯度相对较低或处于低梯度水平。各梯度在图形上表现为图4-2。

4.2.3 河北设区市与京津区域经济梯度差异原因分析

从京津冀13个城市的梯度分区来看，经济发展梯度呈现中心城市高腹地低的特征，京津冀地区区域经济发展极不平衡，其中河北省的11个城市与北京、天津的经济梯度值差距过大，即使在河北省的省域范围内，承德、衡水和唐山、石家庄的经济发展梯度值的差距也较大，而处于低梯度的衡水、承德两个城市的梯度值和北京、天津就更不能相提并论。河北省的11个经济主体与京津经济发展梯度差异过大，是综合性的经济、社会、技术变革和演进的过程，包括自然条件、历史因素、政治、经济、社会等多种因素的影响，

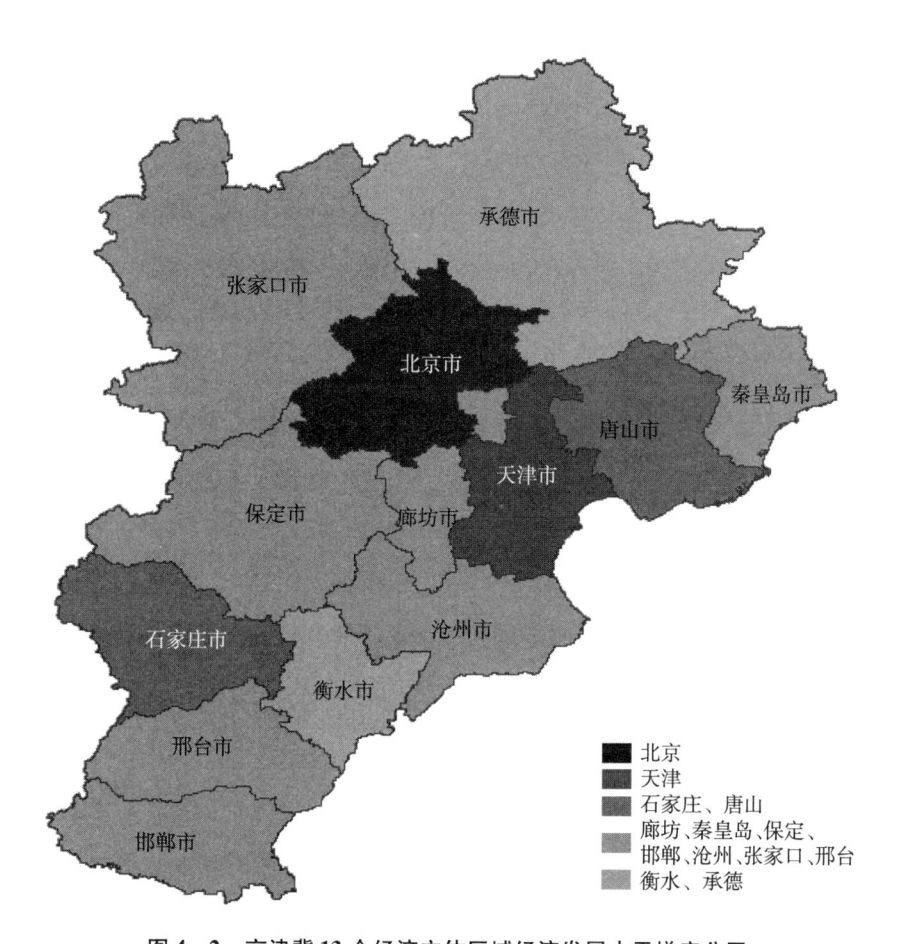

4 | 协同视角下河北—京津的区域经济发展差异及原因分析

图4-2 京津冀13个经济主体区域经济发展水平梯度分区

这些影响因素通常交织融合在一起，发挥着合力的作用。我们可以根据经济学理论，从经济基础、产业结构、要素投入和使用、市场化程度和空间格局变动等方面分析河北省11个城市与京津的经济梯度差距过大的原因。

1. 经济基础差异

按照地理位置，河北省11个城市和京津一起被划分为东部地区，而且还包括总面积110万公顷的海岸带。但是，与京津发达地区相比，河北省综合经济发展水平很低。据统计局数据显示，2013年北京和河北省综合实力得分值最高的石家庄相比，其GDP是石家庄的4倍；天津和石家庄相比，其GDP

是石家庄的3倍；北京和河北省综合实力得分值第二位的唐山相比，其GDP是唐山的3.2倍，天津和唐山相比，其GDP是唐山的2.3倍。北京和河北省综合实力得分值最低的承德相比，其GDP是承德的18倍；天津和承德相比，其GDP是承德的13倍。

就财政预算收入而言，2013年北京和河北省综合实力得分值最高的石家庄相比，其财政预算收入是石家庄的11倍，天津和石家庄相比，其财政预算收入是石家庄的6倍；北京和河北省综合实力得分值最低的承德相比，其财政预算收入是承德的21倍，天津和承德相比，其财政预算收入是承德的12倍。

其他反映经济基础的指标例如人均GDP、固定资产投资、在岗职工平均工资、农村居民人均纯收入等，都说明了河北省的11个城市的经济发展水平均无法和京津相提并论。如表4-10所示。从这些经济基础的数据差异分析可以看出，河北省的11个经济主体和京津呈现显著的梯度差异是必然的。

表4-10　　　　　　2013年京津冀13个经济主体经济基础指标

地区	地区GDP（亿元）	人均GDP（元）	固定资产（亿元）	各地财政预算收入（亿元）	在岗职工平均工资（元/人）	农村居民人均纯收入（元/人）
北京	19500.6	93213	7032.2	3661.1	93996.77	18337
天津	14370.16	99607	10121.2	2078.3	68863.49	15405
石家庄	4863.6	46320.88	4400.2	315.1	43137	9682
唐山	6121.21	79413.73	3633.6	318.4	47848	11674
秦皇岛	1168.75	38380.07	786.3	109.5	47367	9007
邯郸	3061.5	32830.75	2758.9	172.7	39042	9307
邢台	1604.58	22233.65	1486.4	89.9	39706	7446
保定	2904.31	25440.03	2186.6	180.3	39130	8649
张家口	1317.02	29842.07	1293	118.5	38218	6583
承德	1272.09	36189.3	1226.9	102.5	41992	6031
沧州	3012.99	41220.19	2357.7	172.3	43469	8407
廊坊	1943.13	43486.04	1577.8	205.4	48994	10985
衡水	1070.23	24276.51	830.1	68.5	36498	7182

2. 产业结构差异

产业结构可以反映地区经济增长的质量，对地区经济增长和经济发展都有着重要意义，因此，产业结构经常会被作为衡量地区经济发展差异的指标。产业结构的差异通常导致收益的明显差异，产业结构层次越高，产业之间的联系和规模配置越优化，收益就会越高；反之，产业结构层次越低，产业之间的联系和规模配置不适应，收益就会越低。就产业结构而言，京津冀地区相差很大，如表4-11所示。

表4-11　　　　　　2013年京津冀13个城市的产业结构

城市	三次产业比重	新兴服务业因子得分	工业发展因子得分
北京	0.8∶22.3∶76.9	3.259	-0.315
天津	1.3∶50.6∶48.1	0.245	1.695
石家庄	9.8∶47.2∶43.0	-0.121	-0.024
唐山	9.2∶58.7∶32.1	-0.303	2.105
秦皇岛	14.7∶38.3∶47.0	-0.098	-0.86
邯郸	13.4∶51.3∶35.3	-0.543	-0.535
邢台	16.6∶52.7∶30.7	-0.463	-0.541
保定	2.9∶55.0∶32.1	-0.324	-1.479
张家口	18.3∶42.1∶39.6	-0.36	-0.337
承德	16.8∶51.1∶32.1	-0.389	0.461
沧州	11.5∶52.4∶36.1	-0.366	-0.124
廊坊	10.4∶52.6∶37.0	-0.153	0.586
衡水	16.5∶52.3∶31.2	-0.384	-0.634

说明：本数据来源于城市统计公报和表4-7的部分数据。

河北省由于地处京津两大城市腹地，在经济上一直服务于北京，因此，在产业结构方面，重工业在GDP中所占的比例一直偏高。据统计，2013年河北省三次产业增加值在GDP中的比重分别为12.4∶52.1∶35.5。河北省的第二产业比重和全国相比高8.2个百分点，第三产业比重比全国的这一数据低10.6个百分点。对于河北省的各个具体城市来说，除了秦皇岛的第三产业比重略高于全国比重，其余10个城市的这一数据均低于全国水平。对于第二产业来说，唐山和邯郸的钢铁、石家庄的石化、保定的汽车、邢台重型机械配件制造、沧州的精细化工制造等产业仍呈现增长趋势，2013年河北省钢铁工业增长10.1%，石化工业增长4.9%，建材工业增长7.6%。包括钢铁、石化、建材在内的六大高耗能产业增加值平均增长6.7%。河北省11个城市除秦皇岛外，其余10个城市的第二产业比重均高于第三产业比重，呈现"二三一"的产业结构状态。这和河北省各城市长期以来以重工业为传统支柱优势产业的战略密切相关，而这也恰恰成为河北省各城市经济发展的瓶颈之所在，也是未来产业转型升级的重点。

相比而言，2013年北京的三次产业比重为0.8∶22.3∶76.9，已经形成了"三二一"的产业结构，其中，第三产业的比重为76.9%，和美国等发达国家第三产业的比重接近。天津的三次产业比重为1.3∶50.6∶48.1，其中，第二产业、第三产业比重不相上下，第三产业的比重比河北省各城市都高。京津两大城市产业结构的共同特点是农业比重比河北省各城市低，第三产业比重比河北省的各城市高，产业结构比河北省各城市更加合理。

结合表4-7的城市综合实力因子得分可知，第三产业新兴服务业因子中北京的得分值最高，为3.259，天津为0.245，居于第二位。河北省11个城市中秦皇岛的新兴服务业得分最高，其次是廊坊、石家庄。这也说明了北京的产业结构中第三产业新兴服务业最为发达，产业结构层次最高，产生的结果就是城市收益最高。就工业发展因子得分来看，13个城市中唐山得分最高，为2.105，天津第二位，为1.695，其次是石家庄、沧州等城市，这说明了唐山、天津产业结构中的工业较发达。天津的产业结构属于"二三一"的发展类型，第三产业比重需要提升。河北省11个城市的产业结构除秦皇岛外几乎都是"二三一"的结构类型。河北省的城市产业结构中第二产业比重过大，第三产业比重严重不足。产业结构层次差距导致河北省11个经济主体和京津的经济梯度值差距很大。

3. 要素投入和使用

经济学理论中，通常意义上的要素包括：劳动、资本、土地（或者是自然资源）和技术，其中土地的含义比较广泛，不仅包括狭义的土地，还包括森林、瀑布、矿藏等自然资源，如图4-3所示。

4 | 协同视角下河北—京津的区域经济发展差异及原因分析

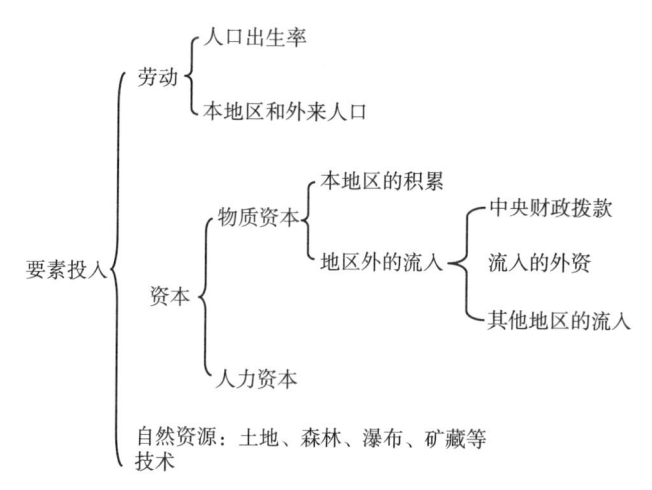

```
          ┌ 劳动 ┌ 人口出生率
          │      └ 本地区和外来人口
          │              ┌ 本地区的积累      ┌ 中央财政拨款
要素投入 ┤ 资本 ┌ 物质资本 ┤                   │ 流入的外资
          │      │        └ 地区外的流入  ┤
          │      │                           └ 其他地区的流入
          │      └ 人力资本
          └ 自然资源：土地、森林、瀑布、矿藏等
            技术
```

图4-3 生产要素投入量

劳动、资本、土地和技术这四种生产要素投入的量和质会影响一个地区经济发展。

（1）要素投入量。

第一，劳动因素。按照传统经济增长理论，劳动是经济增长的要素之一，劳动力资源总是为经济发展提供有力的支撑，当然也为区域经济发展做出重要的贡献。京津冀13个城市的劳动力供求，如表4-12所示。

表4-12　　　京津冀13个城市劳动力供给和需求（2013年）

城市	全市人口（万人）	全市就业人数（万人）	就业率（%）
北京	2114.8	742.3	35.10
天津	1472.21	302.4	20.54
河北	7424.6	644.8	8.68
石家庄	1049.98	92.9	8.85
唐山	770.8	96.7	12.55
秦皇岛	304.52	34.2	11.23
邯郸	932.51	80.4	8.62
邢台	721.69	45.7	6.33
保定	1141.63	99.9	8.75
张家口	441.33	39.0	8.84

87

续表

城市	全市人口（万人）	全市就业人数（万人）	就业率（%）
承德	351.51	30.3	8.62
沧州	730.95	52.4	7.17
廊坊	446.84	43.9	9.82
衡水	440.85	29.6	6.71

说明：表中的数据为全市口径。

从表4-12可以看出，2013年北京、天津两大城市的就业率最高，北京为35.1%，天津为20.54%，而河北的11个城市的就业率较低，其中，唐山和秦皇岛的就业率超过10%，其余城市的就业率均在10%以下。这一数据表明，河北省各城市的劳动力和京津两大城市相比，供求缺口较大，劳动力的供给远远大于需求，劳动力出现了绝对剩余。而且，就13个城市劳动力的结构而言，河北省11个城市的劳动力更多为低水平绝对剩余，而各行业发展需要的高技能劳动力相对短缺。因此，河北的11个经济主体和京津区域经济梯度的差异很大一部分原因是劳动要素差异。

第二，资本因素。资本是影响经济产出的因素之一，从来源看，资本形成于本地积累和外部流入。本地区积累的资本直接影响该地区的资本数量。如果用人均固定资产来衡量资本因素，天津的人均固定资产额是河北省综合实力得分值最高的石家庄的1.5倍，是综合实力得分值最低的承德的3.6倍。北京的人均固定资产比石家庄要低，也是承德的1.8倍。地区外流入的资本包括中央财政拨款、外国资本的流入和其他区域资本的流入。在资本流动性高度强化的当今，中央财政性投资会随着政府职能的转变缩小，因此，一般各地区就会把重点放在吸引外资和其他区域的资本流入，这就要求各地区资本有效需求的充足。当各地区有盈利能力强、回报率高的项目时，本地区的有效资本需求就会充足，资本就会流向有效资本需求强的地区。以外商直接投资为例，2013年天津的外商直接投资为168.3亿美元，北京为85.2亿美元，整个河北省的这一数据为64.5亿美元。天津的这一指标是河北省综合实力得分值最高的石家庄的12.6倍，是综合实力得分值最低的承德的84倍。北京的这一指标是河北省综合实力得分值最高的石家庄的6.4倍，是综合实力得分值最低的承德的43倍。依据表4-11中的对外辐射因子得分来看，天津的得分值最高为 2.731，这从另外的角度也反映出天津的外向型经济特征表现明显。其次是秦皇岛、保定。以上数据从资本运用角度表明了，河北省和京津的差异较大，从而引发区域经济梯度差。

在新古典经济增长模型中，人力资本是决定经济增长的重要因素。由于人力资中的知识与技能可以为所有者带来工资等收益，因而形成了一种特定的资本——人力资本。对人力资本进行投资，会对经济增长产生更高的贡献率。因此，现代社会中，在分析经济增长的贡献，需要分析人力资本的贡献。从发展现状来看，北京、天津两市经济发达，发展机会多，对具有高技术、高学历、高职称的人才具有极强的吸引力，河北省各城市的很多人才都会为了追求更好的发展机会而流向京津两地，据统计，河北省从事科技活动的高层次人才仅占京津冀的 21.3%。人力资本的缺乏是制约河北省各市经济发展的瓶颈，也是河北省各市与京津区域经济发展差异的重要原因之一。

第三，自然资源。自然禀赋是人类生存和发展最基本的物质条件，任何区域或城市的集聚都是首先基于自然禀赋这一要素。区域的自然禀赋决定着其人口、产业、交通、基础设施等的空间布局。从河北省 11 个城市的自然禀赋的总体而言，地域辽阔，矿产资源丰富，且种类较多，和京津两大城市相比，有着发展的相对优势。濒临渤海的唐山、沧州海底蕴藏着丰富的石油、天然气和沿海的生物资源；唐山、邯郸、石家庄煤矿资源丰富；保定、邢台、衡水电力丰富；邢台、邯郸等农业资源丰富。但是，经济学的规律表明，随着生产力的发展、产业结构的不断进步，生产对自然资源的依赖性会逐步减弱，自然资源的丰裕程度只能决定第一产业各行业的生产，并且会对第二产业产生重要影响，但是并不能对整个经济发展产生决定性的作用。因此，河北省域的资源优势并不会对缩小和京津的梯度差产生大的影响。

第四，科技水平。科学技术已经成为影响经济增长的决定性因素，科技创新和科技进步对经济增长的贡献已明显超过资本和劳动的作用。因此，发展科技对促进经济增长有着十分重要的意义。对京津冀地区而言，在科技投入量方面，2013 年北京的科技投入是河北省综合实力得分最高的石家庄市的科技投入的 44 倍，是河北省科技投入最少的衡水的 913 倍；天津的科技投入是石家庄市的 9 倍，是衡水的 181 倍。在科技创新中的专利授权量方面，北京的专利授权量是河北省综合实力得分最高的石家庄的 17 倍，是河北省综合实力得分最低的承德的 210 倍；天津的专利授权量是石家庄的 7 倍，是承德的 84 倍。科技的投入和科技创新引发的区域经济梯度差距更大。

（2）要素投入中质的投入。

要素投入的质主要体现在要素的禀赋结构状况和要素的空间配置状况。要素的禀赋结构是指区域内各要素的比例构成。按照林毅夫的观点，一个地区的最优产业和技术结构是由此地区的要素禀赋结构内生决定的，所以产业选择应该基于当地的要素禀赋结构。[①] 从现实来看，京津冀 13 个经济主体的要素禀赋结构存在着较大的差别。很显然，按照上面的分析，河北省自然资源比较突出，但是只能对 11 个经济主体的第一产业和第二产业产生较大的影响，这就导致河北省 11 个经济主体的第一产业和第二产业的比重较大；天津在资本的投入上有较大的优势，尤其是对轻纺、生物医药、新能源新材料、电子信息、装备制造、航空航天等支柱产业投资较多，使得天津的第二产业比重明显偏大；北京在高科技和总部经济、金融服务业方面一直比较发达，因此，第三产业比重相对于天津和河北占有重要优势。因此，可以看出河北省各城市与京津的要素禀赋结构状况在经济梯度差距方面发挥着重要的作用。

4. 市场化程度

市场经济体制的建立，使得经济发展以市场为取向，努力实现资源的最优配置。市场体系发展越完善，经济中的交易成本就会越低，进而提升区域吸引域外资源的竞争力，因此，经济市场化程度会提高区域经济差距。市场化程度意味着建立市场体系，培育要素市场和产品市场，用市场力量调控经济运行，市场调控必然会使生产要素向回报率高的地区聚集，强化了极化效应，扩大地区经济差异。因此，市场化程度的差异，会直接导致资源配置效率的差异，并进而传导到经济增长的差异。一般情况下，市场化程度越高，经济增长速度越快，市场化程度越低，经济增长速度越慢。就京津冀的 13 个经济主体而言，最明显的表现就是河北省国有工业总产值在工业总产值中所占的比重大于北京和天津，这反映了河北省和京津相比，市场化程度更低一

[①] 转引自：张力薇. 中国工业竞争力的区域差异及其比较 [D]. 西安：西北大学，2007.

4 | 协同视角下河北—京津的区域经济发展差异及原因分析

些。另外,河北省11个经济主体处于中低经济梯度区,其中,另一个重要的因素就是京津冀13个城市之间并未形成统一的、具有市场活力的区域性市场,生产要素不能在大区域内自由流动,优势互补不能充分体现,市场规则的作用尚未完全发挥,这都构成河北省11个经济主体与京津经济梯度大的重要成因。

5. 体制和机制的差异

北京是国家的首都,天津是北方的经济中心,河北省是农业和工业大省,无论是资源禀赋还是初始条件,三个地区都存有很大的差别。京津冀13个经济主体呈现高中低经济梯度区,其中,一个重要的因素是京津冀13个城市之间的体制和机制运行上有着很大的差别。首先,长期以来,京津冀三地行政区划僵化,并且各自为政,地方保护主义严重,并没有真正做到京津冀一体化,没有制定京津冀的整体规划,也未建立对三地都有约束力的权威机构,从顶层建立协调推动机制。其次,国家在投资和基础设施建设等方面对北京、天津倾斜,尤其是北京,当然这和北京充当着一市一方的双重角色密不可分。再次,京津冀虽然地缘接近,甚至某些空间资源和基础设施密不可分,但是对于跨省市的投资、产业、园区建设和科技成果转化项目却并未形成完善的、一体化的制度设计和利益分配机制,尤其是在税收分配方面,仍然按照各省、市自身利益最大化的目标进行分配,并没有充分发挥市场机制作用,生产要素也不能自由流动,京津冀区域协同发展不能落到实处。最后,河北省由于地理位置的原因,是京津的生态保护屏障,在生态环境保护方面做出了较大贡献,在某种程度上牺牲了工业发展,但是京津两大城市对于河北省某些城市的生态补偿机制并不充分完善,这也削弱了河北省进行生态环境保护的积极性。因此,体制和机制设置上的重大差异形成了河北省各经济主体与京津较大的经济发展梯度。

6. 京津冀城市化空间布局不合理,河北省城市空间布局问题尤为突出

北京和天津是京津冀区域的中心城市,无论是在城市群功能布局,还是基础设施建设、产业布局等方面,其功能都非常集中。北京长期以来承担着京津冀区域的政治中心、文化中心等多种角色。天津由于其优越的地理位置承担着京津冀区域的经济中心、港口中心等功能,且在经济中心这一功能上和北京进行过激烈的竞争。这种竞争使得京津并未形成城市功能互补、城市空间合理布局,反而造成城市功能过度集中、产业同构等问题,尤其是北京的"城市病"问题严重,另一后果就是京津对河北腹地的辐射和带动严重受阻。就河北省而言,在地理位置上被北京和天津分割成南北两个区域,在冀东北地区,受到京津冀经济圈的影响,唐山市成为河北省最大规模城市;在冀西南地区,作为省会城市的石家庄,反倒成为次级规模的城市,城市垄断地位明显下降;受中原经济区城市规划的影响,冀南地区的邯郸市规模有所扩大;其他几个地级市如张家口、承德、衡水、邢台等受不同因素的影响,城市规模与经济发展并不突出。加之,河北省大城市数量有两个,中等城市数量明显较多,而小城市数量相对较少,城市规模分布整体上呈金字塔状,首位分布不明显,首位城市优势不突出,超大城市以及小城市比例过低,中等城市低水平发育,没有较好地带动周边城市的发展,这在后文中的城镇层级问题中会进一步详尽分析。这种空间布局不合理成为河北省各经济主体和京津区域经济发展差距的重要因素。

4.3 河北—京津产业发展梯度分析

随着我国区域经济发展和产业规划的进一步完善,京津冀已经成为北方重要的经济引擎。从地缘关系上看,京津冀之间密切联系,融为一体,在劳动力、资金、资源等生产要素方面相互依托,但又各有优势。北京和天津在技术、资金方面的优势明显,河北在资源方面具有优势突出,三地之间应该相互配合,发挥比较优势,从而促进整个区域经济发展。但是,在现实的经济发展中,京津冀内部发展极不平衡,本书已经从宏观上对于京津冀的区域经济梯度进行了测算,并用实证方法验证了京津冀各经济主体在经济梯度方面所存在的差异性。产业作为区域经济的发展中的重要变量,直接影响区域经济发展,更决定着区域经济发展梯度。因此,本部分重点对河北—京津区域的产业发展梯度进行全面测度,找出其发展的内在差异,并试图从产业梯度差异中寻找三地产业承接的可能。

4.3.1 产业梯度计算的一般模型

从产业梯度的角度来看，不同地区产业之间存在着一定梯度，按照产业梯度转移规律，产业处于高梯度时，总是表现为首先进行技术创新和生产一系列的新产品。其他地区的生产要素向该地区聚集，使该地区生产的新产品同时满足本地和其他地区的需求，本地生产的专业化水平明显高于其他地区。继而，当高梯度产业处于工业生产生命循环阶段中的成熟阶段时，边际产量逐步下降。此时劳动力、交通运输、水、电等成本的提高和资源环境承载能力等多种因素构成成本限制，高梯度产业向较低梯度产业进行转移，低梯度产业承接高梯度产业的转移，从而带来低梯度产业地区市场占有率和生产专业化程度的不断提高。与此同时，高梯度产业地区的市场占有率相应减少，就会再去寻求更高的技术创新和新产品的开发和生产。如此循环下去，高梯度产业地区就会带动低梯度产业地区经济不断发展，达到区域经济协调发展的目的。

高梯度产业和低梯度产业之间总是存在着梯度差，这一梯度差在区域经济学上用产业梯度系数来衡量。关于产业梯度系数的计算最先是由戴宏伟教授（2003）提出的，他认为产业梯度系数由比较劳动生产率和区位商两个主要因素决定的，是利用区位商和比较劳动生产率的乘积得出来的，[①] 即可以用公式来表示：

$$LGC = LQ_{ij} \times CPOR \qquad (4-3)$$

其中，LGC 表示产业梯度系数，LQ_{ij} 表示区位商，$CPOR$ 表示比较劳动生产率。

区位商是集中因子，也被称为是市场因子，区位商主要表达地区某一行业的生产专业化水平。一般用公式表示：

[①] 戴宏伟，田学斌，陈永国. 区域产业转移研究：以"大北京"经济圈为例［M］. 北京：中国物价出版社，2003.

$$LQ_{ij} = \frac{X_{ij} \bigg/ \sum_{i=1}^{m} X_{ij}}{\sum_{j=1}^{n} X_{ij} \bigg/ \sum_{i=1}^{m} \sum_{j=1}^{n} X_{ij}} \qquad (4-4)$$

其中，X_{ij} 为地区某产业增加值，$\sum_{i=1}^{m} X_{ij}$ 为本地区 GDP；$\sum_{j=1}^{n} X_{ij}$ 全国相应某行业增加值；$\sum_{i=1}^{m} \sum_{j=1}^{n} X_{ij}$ 为全国 GDP。

如果某产业的区位商大于1，说明该行业为该地区的生产专业化部门，在竞争中具有一定的优势，是本地区的输出产业部门；如果某产业的区位商小于1，说明该行业为该地区的非生产专业化部门，在全国同行业中不具备竞争一定的优势，是本地区的输入产业部门。

比较劳动生产率主要体现产业发展的创新优势，反映地区某一行业相对优势度，通常被称为是创新因子。比较劳动生产率代表着地区某一行业的技术创新要素和劳动力素质的高低程度，体现着产业的竞争能力。一般用公式表示：

$$CPOR = \frac{\dfrac{X_{ij}}{\sum_{j=1}^{n} X_{ij}}}{\dfrac{L_{ij}}{\sum_{j=1}^{n} L_{ij}}} \qquad (4-5)$$

其中 X_{ij} 为地区某产业增加值，$\sum_{j=1}^{n} X_{ij}$ 为全国同行业增加值；L_{ij} 地区某产业就业人员；$\sum_{j=1}^{n} L_{ij}$ 为全国同行业总从业人员。

如果某产业的比较劳动生产年率大于1，说明其劳动生产率高于全国水平；如果某产业的比较劳动生产年率小于1，则说明其劳动生产率低于全国水平。比较劳动生产率低的产业的各种生产要素，会在市场利益驱动下，向比较劳动生产率高的行业进行转移。

产业梯度系数是市场因子区位商与创新因子比较劳动生产率的乘积。一般而言，地区某产业梯度系数大于1，说明该地区的产业在全国处于高梯度；相反，若地区某产业梯度系数小于1，说明该地区的产业在全国处于低梯度。事实上，某产业梯度系数的值是大于1还是小于1，还要综合考虑相应区域的资源禀赋、区位条件、发展趋势和区域政策等因素。

对于产业梯度系数的测算方法，后来国内的学者又进行了修正和改进，例如陈蕊、熊必琳（2007），孙翠兰、王军（2008），黄维芳、李光德（2013）等学者将资本产出率加入，反映某产业的盈利能力。但是，从产业梯度转移理论的产生和发展来看，产业梯度系数就是创新因子和市场因子的乘积，如果加入比较资本生产率则是从生产函数的角度出发，有些角度不一。因此本研究的产业梯度系数计算采用原始的测算方法。

京津冀区域经济发展不平衡非常明显，除了区域经济梯度的总体差异，产业的发展差异是最直接、最集中的体现。了解河北省与京津产业梯度的发展状况，对了解京津冀区域经济主体的产业优势，寻求推动河北省与北京、天津的产业协同发展，缩小河北省与北京、天津产业发展差距，进而推动京津冀区域经济协同发展有着重要的意义。

就京津冀地区产业结构来看，2013年北京的三次产业增加值在GDP中所占比重为0.8:22.3:76.9，天津的三次产业比重为1.3:50.6:48.1，河北省三次产业比重为12.4:52.1:35.5。就河北和北京相比，第三产业所占比重相差甚大，加之，京津冀协同发展中北京迫切需要将部分非首都功能进行转移，尤其是要转出部分第三产业，因此，我们将这两个地区的第三产业进行梯度分析，进而分析河北与北京在第三产业方面如何进行转移和对接。就河北和天津相比，由于京津冀协同发展中天津的城市功能主要放在发展先进制造业等高科技行业，一般制造业和一些重工业需要向河北省腹地进行转移，因此，将这两个地区的第二产业进行梯度分析，探讨河北与天津第二产业如何实现工业行业的承接转移。

4.3.2 北京和河北省的第三产业梯度分析

在测算河北省和北京第三产业梯度过程中，我们选取国民经济划分的第三产业中的交通运输业、信息传输计算机服务和软件业、批发和零售业、住宿餐饮业、房地产业、租赁和商务服务业、科研科技服务业与地质勘查业、水利环境和其他服务业、居民服务业和其他服务业、教育、卫生社保和社会福利业、文体娱乐业12个行业进行测算，数据由2014年《城市统计年鉴》、

2013年《服务业重点企业总量及增长速度年报》、2014年《北京市统计年鉴》《全国第三次经济普查》和《河北省第三次经济普查》获得。

1. 北京的第三产业梯度分析

（1）集中因子—区位商。根据区位商的一般测算公式，能够测算出北京市第三产业12个行业的区位商，如表4-13第二列所示。发现北京市2013年区位商大于1的行业有：交通运输业、信息传输计算机服务和软件业、房地产业、租赁和商务服务业、科研科技服务业与地质勘查业、水利环境和其他服务业、居民服务业和其他服务业、教育、卫生社保和社会福利业、文体娱乐业等11个行业。

表4-13　　2013年北京市规模以上第三产业12个行业的产业梯度系数

行业	区位商	比较劳动生产率	产业梯度系数
交通运输业	2.403	1.224	2.943
信息传输、计算机服务和软件业	2.183	0.983	2.146
批发和零售业	0.195	0.152	0.03
住宿、餐饮业	2.396	1.142	2.736
房地产业	2.451	1.837	4.504
租赁和商务服务业	1.735	0.943	1.636
科研、科技服务与地质勘查业	2.298	1.07	2.46
水利、环境和其他服务业	2.293	1.079	2.474
居民服务和其他服务	2.358	1.083	2.553
教育	2.197	1.001	2.2
卫生、社保和社会福利业	2.446	1.006	2.46
文体、娱乐业	2.417	1.026	2.479

说明：1. 第三产业的划分是按照国民经济2010年之后的划分标准。2. 由于全国的金融业的数据缺失，所以在此将第三产业中的金融业去掉，剩下12个行业。3. 由于第三产业数据是由规模以上的数据，因此，表中数据计算的是规模以上行业的指标来反映。4. 所有数据均为全市口径。5. 由于河北省公共管理与社会组织行业的数据缺失，所以这里也不计算北京的公共管理与社会组织行业的指标。

（2）创新因子—比较劳动生产率。根据比较劳动生产率的测算公式，能够测算出北京市第三产业12个行业的比较劳动生产率，如表4-13第三列所示。根据该表能够发现，北京市2013年比较劳动生产率大于1的行业有：交通运输业、住宿和餐饮业、房地产业、科研科技服务业与地质勘查业、水利环境和其他服务业、居民服务业和其他服务业、教育、卫生社保和社会福利业、文体娱乐业等9个行业。

（3）产业梯度系数。综合运用前面的测算方法，得出北京市第三产业的梯度系数大于1的有交通运输业、信息传输计算机服务和软件业、住宿和餐饮业、房地产业、租赁和商务服务业、科研科技服务业与地质勘查业、水利环境和其他服务业、居民服务业和其他服务业、教育、卫生社保和社会福利业、文体娱乐业等11个行业。如表4-13第四列所示。

2. 河北的第三产业梯度分析

（1）集中因子—区位商。根据区位商的计算公式，计算出河北省第三产业12个行业的区位商，如表4-14第二列所示。河北省2013年区位商大于1的行业有批发和零售业。

表4-14　2013年河北省规模以上第三产业12个行业的产业梯度系数

行业	区位商	比较劳动生产率	产业梯度系数
交通运输业	0.033	0.098	0.003
信息传输、计算机服务和软件业	0.185	1.164	0.215
批发和零售业	1.554	1.938	3.012
住宿、餐饮业	0.038	0.157	0.006
房地产业	0.494	1.172	0.578
租赁和商务服务业	0.105	0.504	0.053
科研、科技服务与地质勘查业	0.109	0.486	0.053
水利、环境和其他服务业	0.064	0.342	0.022
居民服务和其他服务	0.175	0.989	0.173
教育	0.003	0.268	0.001
卫生、社保和社会福利业	0.024	0.363	0.009
文体、娱乐业	0.042	0.291	0.012

说明：1. 第三产业的划分是按照国民经济2010年之后的划分标准。2. 由于全国的金融业的数据缺失，河北省公共管理和社会服务数据缺失，所以在此将第三产业中的金融业、公共管理和社会服务去掉，剩下12个行业。3. 由于第三产业的数据是由规模以上的数据，因此，表中数据计算的是规模以上行业的指标来反映。4. 所有数据均为全市口径。5. 数据来源为2014年河北省统计局提供数据和《河北省第三次经济普查数据》、2013年《服务业重点企业总量及增长速度年报》。

（2）创新因子—比较劳动生产率。根据公式和数据计算出河北省第三产业12个行业的比较劳动生产率，如表4-14第三列所示。河北省2013年比较劳动生产率大于 1 的有：信息传输和计算机服及软件业、批发和零售业、房地产业等 3 个行业。

（3）产业梯度系数。综合运用前面的测算方法，得出河北省第三产业的梯度系数大于 1 的有批发和零售业。如表 4-14 第四列所示。

3. 北京市和河北省第三产业梯度比较分析

比较北京市和河北省第三产业的产业梯度系数，如表 4-15 所示。

表 4-15　　2013 年京冀第三产业 12 个行业的产业梯度系数及优势比较

行业	产业梯度系数比较		产业优势比较	
	北京	河北	北京	河北
交通运输业	2.943	0.003	▲	
信息传输、计算机服务和软件业	2.146	0.215	▲	
批发和零售业	0.03	3.012		▲
住宿、餐饮业	2.736	0.006	▲	
房地产业	4.504	0.578	▲	
租赁和商务服务业	1.636	0.053	▲	
科研、科技服务与地质勘查业	2.46	0.053	▲	
水利、环境和其他服务业	2.474	0.022	▲	
居民服务和其他服务	2.553	0.173	▲	
教育	2.2	0.001	▲	
卫生、社保和社会福利业	2.46	0.009	▲	
文体、娱乐业	2.479	0.012	▲	

说明：表中的▲为优势产业。

根据表 4-15 显示的数据来看，北京市具有发展优势的产业有交通运输业、信息传输计算机服务和软件业、住宿和餐饮业、房地产业、租赁和商务服务业、科研科技服务业与地质勘查业、水利环境和其他服务业、居民服务业和其他服务业、教育、卫生社保和社会福利业、文体娱乐业等 11 个行业；河北省具有发展优势的行业只有批发和零售业。

北京市的优势产业中房地产业的产业梯度系数最高，这和北京的首都地位、人口密集等因素有很大的关系，由于房地产业的特殊发展，我们可以将其单独归为一类。除了房地产业，北京的交通运输、信息传输计算机服务和软件业、住宿和餐饮业、租赁和商务服务业、科研科技服务业与地质勘查业、水利环境和其他服务业、居民服务业和其他服务业、教育、卫生社保和社会福利业、文体娱乐业等10个行业的梯度系数都呈现优势发展。与河北省相比较，北京市除批发零售业，其余11个行业的产业梯度优势非常明显，说明这11个行业的梯度势差呈现了"北京—河北"的梯度分布态势，这种明显的产业梯度分布表明北京的大部分第三产业具有向河北省转移的可能。

就生产性服务业而言，北京的房地产业、租赁和商务服务业的梯度系数比河北大很多，这表明北京的这三大产业非常发达，这与北京人口密集、商贸中心集聚的现实相一致。科研科技服务业与地质勘查业、信息传输计算机服务和软件业的产业梯度系数也较大，这与北京注重科技研发的现实一致。但是，这些生产性服务业能否转移到河北省，主要看河北省的投融资环境、商务环境和产业发展的市场容量和市场潜力。从经济总量来看，河北省经济落后于北京，市场和技术提升的空间很大。如果在投融资环境、商务环境和产业发展环境、生活环境方面能够给北京产业转移提供良好的环境，北京的生产性服务业可以转移到空间距离较近的河北省，也为河北省经济发展提供良机。北京房地产的产业梯度系数极大，但基于房地产对土地资源的依赖性强，其转出的方向性很强，集中指向土地优势资源地区。目前，北京的土地资源十分紧缺，河北省土地资源相对充裕，价格相对低廉，为北京的房地产向河北省转移提供了现实的可能性。

就消费性服务业而言，北京的住宿、餐饮业的产业梯度系数也较高，具有优势地位，这和北京的政治中心、总部经济等密切相关，目前还不具备向腹地河北省的转移的条件和基础。居民服务业和其他服务业的产业梯度系数也大于1，也具有转移的可能。

就分配性服务业而言，交通运输业的产业梯度系数很高，这和北京具备城市和首都的双重功能，拥有发达的交通体系有关，对于交通运输业，为了推进京津冀一体化，贯彻京津冀协同发展战略，交通运输业的发展和转移势在必行。

就社会性服务业而言，北京和河北省相比，教育产业的梯度系数也大于1，也具备向河北省转移的条件。众所周知，北京是高等院校的集中区，人口密集，和北京的城市空间形成了矛盾；相反，河北省地域广阔，在加强基础设施和教育设施的条件下，能够承接北京的教育转移。近年来，北京东、西城区禁止新建和扩建批发市场、高等学校、大型医院和商务服务业也是基于疏解北京城市功能的考虑，国家也颁布文件原则上不再审批北京建设新的高等院校。在文体娱乐业上，由于近年来文化和广电产业的迅猛发展，北京的产业梯度系数略高。

4.3.3 天津和河北省的工业产业梯度分析

天津和河北省的第二产业的比重都占有较大的份额，2013年天津的第二产业占GDP的比重为50.6%，河北省的第二产业占GDP的比重为52.1%，其中第二产业中的工业发展势头都比较迅猛。但是，随着产业结构面临着转型升级的战略要求，第二产业中的劳动密集型产业需要向资本密集型转型、甚至是向技术密集型产业转型。就目前的发展状况看，河北省和天津长期的产业发展和工业化进程都以重工业化发展为重点，在此研究河北省和天津之间工业化行业的产业梯度，为认清河北省和天津工业行业的发展优势，推动河北省和天津在产业之间的经济联合和工业行业的协调发展以及产业转型升级提供理论依据。

在分析津、冀的工业产业梯度时，选取国家通常划分的37个工业行业的相关数据计算津、冀工业行业的产业梯度系数，数据由2014年《中国统计年鉴》《天津市统计年鉴》、河北省统计局提供关于第二产业的数据、河北省第三次经济普查有关第二产业的报告、国家第三次经济普查有关第二产业的报告获得。

1. 天津37个工业行业产业梯度分析

（1）集中因子—区位商。根据区位商的计算公式，计算出天津市37个工业行业的区位商，如表4-16第二列所示。我们发现2013年天津市37个工业行业中煤炭开采和洗选业、石油和天然气开采业、文教工美体育和娱乐用品制造业等16个行业的区位商大于1。

表4－16　2013年天津市工业37个行业的产业梯度系数

行业	区位商	比较劳动生产率	产业梯度系数
煤炭开采和洗选业	1.56	6.407	9.994
石油和天然气开采业	2.424	2.034	4.932
黑色金属矿采选业	0.118	0.555	0.066
非金属矿采选业	0.287	0.317	0.091
农副食品加工业	0.843	1.703	1.435
食品制造业	1.715	1.355	2.325
酒、饮料和精制茶制造业	0.845	1.059	0.894
纺织业	0.159	0.684	0.109
纺织服装、服饰业	1.298	0.699	0.907
皮革、毛皮、羽毛及其制品业和制鞋业	0.130	0.433	0.056
木材加工和木、竹、藤、棕、草制品业	0.177	0.469	0.083
家具制造业	0.894	0.776	0.693
造纸及纸制品业	0.852	0.91	0.776
印刷和记录媒介复制业	0.642	0.674	0.433
文教、工美、体育和娱乐用品制造业	1.662	1.228	2.041
石油加工、炼焦及核燃料加工业	1.168	1.813	2.118
化学原料及化学制品制造业	1.046	1.471	1.539
医药制造业	1.194	1.185	1.416
化学纤维制造业	0.54	2.813	1.518
橡胶和塑料制品业	0.859	0.769	0.661
非金属矿物制品业	0.422	1.037	0.437
黑色金属冶炼和压延加工业	0.755	1.229	0.929
有色金属冶炼和压延加工业	1.775	1.695	3.009
金属制品业	0.955	0.897	0.857
通用设备制造业	1.293	1.061	1.371
专用设备制造业	1.418	1.118	1.584
汽车制造业	1.504	1.149	1.728
铁路、船舶、航空航天和其他运输设备制造业	1.896	1.421	2.694
电气机械和器材制造业	1.074	1.087	1.168
计算机、通信和其他电子设备制造业	2.624	1.261	3.308

续表

行业	区位商	比较劳动生产率	产业梯度系数
仪器仪表制造业	1.265	1.092	1.381
其他制造业	2.05	1.014	2.079
废弃资源综合利用业	2.188	1.047	2.291
金属制品、机械和设备修理业	0.916	2.284	2.092
电力、热力生产和供应业	0.621	1.241	0.771
燃气生产和供应业	1.334	1.351	1.802
水的生产和供应业	1.580	2.513	3.972

(2) 创新因子—比较劳动生产率。根据比较劳动生产率的测算模型，可以测算出天津市37个工业行业的比较劳动生产率，如表4-16第三列所示。我们发现2013年天津市比较劳动生产率大于1行业有26个行业，这些行业主要集中在煤炭开采和洗选业、石油和天然气开采业等领域。

(3) 产业梯度系数。综合运用前面的测算方法，得出2013年天津市37个工业行业中产业梯度系数大于1的有煤炭开采和洗选业、石油和天然气开采业、农副食品加工业、食品制造业、文教工美体育和娱乐用品制造业、石油加工炼焦及核燃料加工业、化学原料及化学制品制造业、医药制造业、化学纤维制造业、有色金属冶炼和压延加工业、通用设备制造业、专用设备制造业、汽车制造业、铁路、船舶、航空航天和其他运输设备制造业、电气机械和器材制造业、计算机通信和其他电子设备制造业、仪器仪表制造业、其他制造业、废弃资源综合利用业、金属制品机械和设备修理业、燃气的生产和供应业、水的生产和供应业等22个行业。如表4-16第四列所示。

2. 河北省37个工业行业产业梯度分析

(1) 集中因子—区位商。根据区位商的计算公式，计算出河北省37个工业行业的区位商，如表4-17第二列所示。发现河北省37个工业行业中黑色金属矿采选业等17个行业的2013年区位商大于1。

表 4-17　2013 年河北省工业 37 个行业的产业梯度系数

行业	区位商	比较劳动生产率	产业梯度系数
煤炭开采和洗选业	0.716	0.517	0.37
石油和天然气开采业	0.277	0.307	0.085
黑色金属矿采选业	1.448	1.034	1.498
非金属矿采选业	1.362	1.299	1.769
农副食品加工业	1.08	0.859	0.928
食品制造业	0.637	0.736	0.469
续酒、饮料和精制茶制造业	1.079	0.978	1.056
纺织业	1.427	1.027	1.465
纺织服装、服饰业	0.849	1.502	1.275
皮革、毛皮、羽毛及其制品业和制鞋业	1.442	1.064	1.534
木材加工和木、竹、藤、棕、草制品业	1.418	1.077	1.527
家具制造业	1.054	1.142	1.204
造纸及纸制品业	1.075	1.041	1.119
印刷和记录媒介复制业	1.182	1.154	1.364
文教、工美、体育和娱乐用品制造业	0.664	0.809	0.537
石油加工、炼焦及核燃料加工业	0.915	0.775	0.709
化学原料及化学制品制造业	0.976	0.852	0.832
医药制造业	0.901	0.905	0.815
化学纤维制造业	1.234	0.875	1.079
橡胶和塑料制品业	1.072	1.139	1.221
非金属矿物制品业	1.294	0.994	1.286
黑色金属冶炼和压延加工业	1.124	0.94	1.057
有色金属冶炼和压延加工业	0.606	0.621	0.377
金属制品业	1.023	1.057	1.082
通用设备制造业	0.851	0.958	0.815
专用设备制造业	0.788	0.912	0.719
汽车制造业	0.744	0.883	0.657
铁路、船舶、航空航天和其他运输设备制造业	0.545	0.657	0.358
电气机械和器材制造业	0.962	0.956	0.92
计算机、通信和其他电子设备制造业	0.176	0.389	0.068
仪器仪表制造业	0.865	0.941	0.815
其他制造业	0.467	0.97	0.453

续表

行业	区位商	比较劳动生产率	产业梯度系数
废弃资源综合利用业	0.397	0.888	0.352
金属制品、机械和设备修理业	1.043	0.8	0.834
电力、热力生产和供应业	1.192	0.951	1.134
燃气生产和供应业	0.83	0.825	0.685
水的生产和供应业	0.705	0.593	0.419

（2）创新因子—比较劳动生产率分析。根据比较劳动生产率的测算模型，可以测算出河北省 37 个工业行业的比较劳动生产率，如表 4-17 第三列所示。发现河北省黑色金属矿采选业、非金属矿采选业等 11 个行业的 2013 年比较劳动生产率大于 1。

（3）产业梯度系数。综合运用前面的测算方法，得出 2013 年河北省 37 个工业行业中黑色金属矿采选业、非金属矿采选业、酒饮料和精制茶制造业、纺织业、纺织服装服饰业、皮革毛皮羽毛及其制品业和制鞋业、木材加工和木竹藤棕草制品业、家具制造业、造纸及纸制品业、印刷和记录媒介复制业、化学纤维制造业、橡胶和塑料制品业、非金属矿物制品业、黑色金属冶炼和压延加工业、金属制品业、电力热力生产和供应业等 16 个行业，如表 4-17 第四列所示。

3. 天津市和河北省 37 个工业梯度比较分析

比较天津市和河北省 37 个工业行业梯度系数，如表 4-18 所示。

表 4-18　2013 年津冀 37 个工业行业的产业梯度系数及优势比较

行业	行业梯度系数 天津	行业梯度系数 河北	产业优势比较 天津	产业优势比较 河北
煤炭开采和洗选业	9.994	0.37	▲	
石油和天然气开采业	4.932	0.085	▲	
黑色金属矿采选业	0.066	1.498		▲
非金属矿采选业	0.091	1.769		▲
农副食品加工业	1.435	0.928	▲	
食品制造业	2.325	0.469	▲	

4 | 协同视角下河北—京津的区域经济发展差异及原因分析

续表

行业	行业梯度系数 天津	行业梯度系数 河北	产业优势比较 天津	产业优势比较 河北
酒、饮料和精制茶制造业	0.894	1.056		▲
纺织业	0.109	1.465		▲
纺织服装、服饰业	0.907	1.275		▲
皮革、毛皮、羽毛及其制品业和制鞋业	0.056	1.534		▲
木材加工和木、竹、藤、棕、草制品业	0.083	1.527		▲
家具制造业	0.693	1.204		▲
造纸及纸制品业	0.776	1.119		▲
印刷和记录媒介复制业	0.433	1.364		▲
文教、工美、体育和娱乐用品制造业	2.041	0.537	▲	
石油加工、炼焦及核燃料加工业	2.118	0.709	▲	
化学原料及化学制品制造业	1.539	0.832	▲	
医药制造业	1.416	0.815	▲	
化学纤维制造业	1.518	1.079	▲	▲
橡胶和塑料制品业	0.661	1.221		▲
非金属矿物制品业	0.437	1.286		▲
黑色金属冶炼和压延加工业	0.929	1.057		▲
有色金属冶炼和压延加工业	3.009	0.377	▲	
金属制品业	0.857	1.082		▲
通用设备制造业	1.371	0.815	▲	
专用设备制造业	1.584	0.719	▲	
汽车制造业	1.728	0.657	▲	
铁路、船舶、航空航天和其他运输设备制造业	2.694	0.358	▲	
电气机械和器材制造业	1.168	0.92	▲	
计算机、通信和其他电子设备制造业	3.308	0.068	▲	
仪器仪表制造业	1.381	0.815	▲	
其他制造业	2.079	0.453	▲	
废弃资源综合利用业	2.291	0.352	▲	
金属制品、机械和设备修理业	2.092	0.834	▲	
电力、热力生产和供应业	0.771	1.134		▲
燃气生产和供应业	1.802	0.685	▲	
水的生产和供应业	3.972	0.419	▲	

说明：表中的▲为优势产业。

将津冀 37 个工业行业的产业梯度系数进行比较分析，从表 4 - 18 可以看出，天津的发展优势产业重点体现在加工制造业和一些技术密集型的工业行业上，如医药制造业、化学纤维制造业、有色金属冶炼和压延加工业、通用设备制造业、专用设备制造业、汽车制造业、铁路、船舶、航空航天和其他运输设备制造业、电气机械和器材制造业、计算机通信和其他电子设备制造业、仪器仪表制造业等等。天津可以考虑将这些重工业行业向河北腹地进行转移，而且河北省的工业比重在 GDP 中所占的比重较高，重工业发展的基础良好，因此也具备承接这些重工业的基础和条件。这样，天津就可以将更多的发展重点放在进行先进制造业等高科技行业的转型升级上，将劳动密集型产业升级为资本密集型产业，甚至升级为技术密集型产业。而河北省在承接天津的部分工业产业转移，可以学习天津工业发展优势，淘汰自身设备技术落后的工业产业，也可以通过承接天津外来产业进行产业的转型升级。

从以上数据可以看出，在工业行业的未来发展上，河北省和天津应明确分工，优势互补，这将会成为未来津、冀产业结构调整的重点方向。

4.4　河北—京津城镇层级分析

按照城市发展理论，城市从规模体系上总体分为五个类别：小城市、中等城市、大城市、特大城市和巨型城市。[1] 一个区域中各城市的城市规模直接影响着区域的空间规划和空间发展状况，也影响着各区域的内部总体规划、人口与建设用地规模、基础设施和公共服务设施的配置标准和规模，从而直接影响着一个区域的总体发展。合理的城市规模是城市建设和保障城市高效率运行的重要前提，进而从大的层次影响整个区域经济的发展。

针对京津冀区域，按照对城市规模的划分标准，对区域内的城镇规模和层级进行划分，并对中心城市和城镇层级的关系进行确定，从而对京津冀区域性中心城市、河北省内部区域性中心城市、中心城镇和周边城镇的协调发展状况进行分析，从城镇的宏观层面分析京津冀城镇发展现状和差异。

---

[1] 张占录. 基于用地效率分析的城市区域空间结构极化模型及空间发展战略 [J]. 城市发展研究，2011，18（8）：46 - 52.

4.4.1 河北省区域性中心城市的层级确定

北京和天津毫无疑问是京津冀区域的中心城市，承担着带动和辐射周边河北省腹地的经济发展。对于河北省省域范围，从行政管辖来看，总共包括 11 个设市区、22 个县级市、108 个县、6 个自治县，共 147 个经济主体。这 147 个经济主体在空间结构分布上遵循着一定的城镇体系的层级分布特征。本书需要对 147 个经济主体中的中心城市进行确定。但是，考虑到数据样本量太大，我们对区域性中心城市的确定采取不同范围中心城市的确定，先确定在河北省省域设区市范围的中心性城市，再确定在河北省省域的县级市范围的中心性城镇，这样中心性城市（城镇）带动着周边区域经济发展。

1. 河北省设区市区域性中心城市的确定

确定河北省设市区的中心城市，就是通过确定中心性城市的方法——中心性指数分析法，对河北省 11 个设区市的中心性指数进行计算，中心性指数越高的城市，越有可能成为河北省设区市的区域性中心城市。

为了判别河北省设区市的中心城市，选取 2013 年各设市区的相关指标进行分析，在选取指标时，考虑到某些指标可能存在着正相关关系，因此对指标进行了筛选，这些指标包括：市区人口、全市 GDP、市区金融机构存贷款余额、市区社会零售品消费总额、市区公共财政支出、市区互联网接入宽带户。选取这些指标的依据在于，城市市区人口数量是反映城市实力与地位的综合性指标，一般来说，当城市非农人口（现在这一数据为市区常住人口）达到一定标准时，就具备了成为中心城市的条件；GDP 反映城市的经济实力，这一数据没有采取市区数据，而是采用全市数据，主要考虑到大多数中心城市在郊县分布了一定规模的工业；市区金融机构存贷款余额反映城市及其区域的金融资金流的服务水平，能反映现代中心城市对资金集聚力；市区社会零售品消费总额反映城市的吸引能力以及以城市为中心的区域市场发展水平；城市的科技、教育水平能反映城市的吸引能力，但是城市的科技教育支出项通常包含在公共财政预算支出项，因此，这里选择公共财政预算支出来反映科技、教育；市区互联网接入宽带户反映城市的信息中心地位和城市的辐射能力。

对河北省 11 个设市区的上述六大指标进行标准化处理，以消除量纲影响，然后进行简单加总，其和就是中心性指数。中心性城市的数值越高，表明城市的中心地位越高。如表 4-19 就是 2013 年河北省 11 个设区市的中心性指数。

表 4-19　　　　　　2013 年河北省 11 个设区市的中心性指数及位序

城市	中心性指数	排序
石家庄	5.558	1
唐山	4.956	2
秦皇岛	0.96	6
邯郸	1.986	4
邢台	0.558	8
保定	2.107	3
张家口	0.465	9
承德	0.057	10
沧州	0.983	5
廊坊	0.912	7
衡水	0.016	11
平均值	1.687	

说明：本数据来源于 2013 年《城市统计年鉴》。

表 4-19 列出了河北省 11 个设市区的中心性指数，并对中心性指数进行了排序。按照中心性指数的间隔距离，可以对河北省 11 个设区市进行分类：按照区域性中心城市指数的值，石家庄和唐山是河北省最重要的两个中心城市，其中心城市指数远远超过其他城市。保定、邯郸的中心性城市指数的值高于其他城市，且高于 11 个城市中心性城市指数的平均值 1.687。其余 7 个城市的中心性城市指数均在平均值以下。因此，综合考虑各种因素，依据中心性城市指标值的大小，我们认为河北省区域中心城市可以确定为石家庄、唐山、保定、邯郸等 4 个城市，其余 7 个城市可以作为河北省中心城市的外围。无独有偶，这和 2015 年 8 月颁布的《京津冀协同发展规划纲要》中京津冀的区域性中心城市正好相吻合。

2. 河北省县级市中心城镇确定

河北省下辖辛集、藁城、晋州、新乐、鹿泉、遵化、迁安、霸州、三河、涿州、定州、安国、高碑店、泊头、任丘、黄骅、河间、冀州、深州、南宫、沙河、武安等22个县级市。由于县级市不像设区市的规模那么大，更具备城镇的特征，因此我们把这22个县级市称为城镇。这22个县级市近年来经济发展势头较为强劲，有的城镇甚至具有吸引周边人才、资金和投资的能力，具备在一定范围内中心城城镇的特性。我们用中心性指数方法对这22个县级市进行城镇层级的划分，确定河北省省域的县级市范围的中心性城镇。中心城市指数及其位序如表4-20所示。

表4-20 2013年河北省22个县级市中心性城市指数及位序

城市	中心性指数	排序	城市	中心性指数	排序
辛集	2.335	9	高碑店	1.35	15
藁城	1.893	11	泊头	1.157	16
晋州	1.08	17	任丘	3.922	3
新乐	0.917	18	黄骅	1.682	12
鹿泉	1.607	13	河间	1.988	10
遵化	2.789	5	冀州	0.404	22
迁安	4.762	1	深州	0.727	19
霸州	2.419	8	南宫	0.424	21
三河	4.582	2	沙河	1.409	14
涿州	2.438	7	武安	3.397	4
定州	2.705	6	平均值	2.025	
安国	0.554	20			

表4-20中，中心性城市指数的平均值为2.025，我们把在平均值之上的城镇作为区域性中心城镇。根据数据的分析，河北省省域的区域性中心城镇包括迁安、三河、任丘、武安、遵化、定州、涿州、霸州、辛集等9个城镇。其余13个城镇由于中心性城镇指数偏小，在劳动力、资本、信息等要素方面的聚集效应偏弱，表明它们还不具备中心性城镇的特征，可以作为22个县级城镇的外围区域进行发展。

4.4.2 河北区域中心城镇与京津发展的层级关系

1. 京津冀区域城镇层级体系

按照中心性城市指数,京、津以及河北省 11 个设区市、22 个县级市共计 35 个城市,在等级分布上表现为五个层级:一级中心城市(京津)、二级中心城市(河北省区域性中心城市)、三级中心城市(除河北省区域中心城市之外的城市,可以将其界定为河北省省域次中心城市)、中心城镇、外围城镇。如表 4-21 所示。

表 4-21　　　　　　　　　　京津冀城市层级关系

层级	层级系统	城市数量	城市名称
1	一级中心城市	2	北京、天津
2	二级中心城市	5	石家庄、唐山、保定、邯郸
3	三级中心城市	6	沧州、秦皇岛、廊坊、邢台、张家口、承德、衡水
4	中心城镇	9	迁安、三河、任丘、武安、遵化、定州、涿州、霸州、辛集
5	外围城镇	13	藁城、晋州、新乐、鹿泉、安国、高碑店、泊头、黄骅、河间、冀州、深州、南宫、沙河

从表 4-21 可以看出,京津冀区域各城镇在层级分布上层次非常分明,处在第一层级上的是北京和天津,占城市总数的 5.7%;处在第二层级上的是石家庄、唐山、保定和邯郸,占城市总数的 11.4%;处于第三层级的城市有沧州、秦皇岛、廊坊、邢台、张家口、承德、衡水,占城市总数的 20%;处于第四层级的是中心城镇有迁安、三河、任丘、武安、遵化、定州、涿州、霸州、辛集,占城市总数的 25.7%;处于第五层级的是外围城镇有藁城、晋州、新乐、鹿泉、安国、高碑店、泊头、黄骅、河间、冀州、深州、南宫、沙河,占城市总数的 37.2%。一般情况下,城镇层级与经济发展水平呈现正向关系,城镇所处的层级越高,其经济规模越大,经济势能也就越高;相反,城镇所处的层级越低,其经济规模越弱小,经济势能也就越低。

从京津冀区域来看,北京和天津位于第一层级,承担着辐射和带动区域

4 | 协同视角下河北—京津的区域经济发展差异及原因分析

经济发展的重要责任,其经济规模相对较大;河北省的区域中心城市位于第二层级,作为京津冀的次中心城市,在接受一级中心城市辐射的同时,承担着带动和促进本区域经济发展的职能;河北省的其他设区市构成第三层级,也是河北省的次中心城市;第四层级的城市是河北省县级中心城镇,这些城镇在连接城乡、促进县域经济发展方面发挥着重要的作用,而且还带动着其他县域城镇的进一步发展。

利用GIS将京津冀区域的城镇层级关系表现在图形上,如图4-4所示。

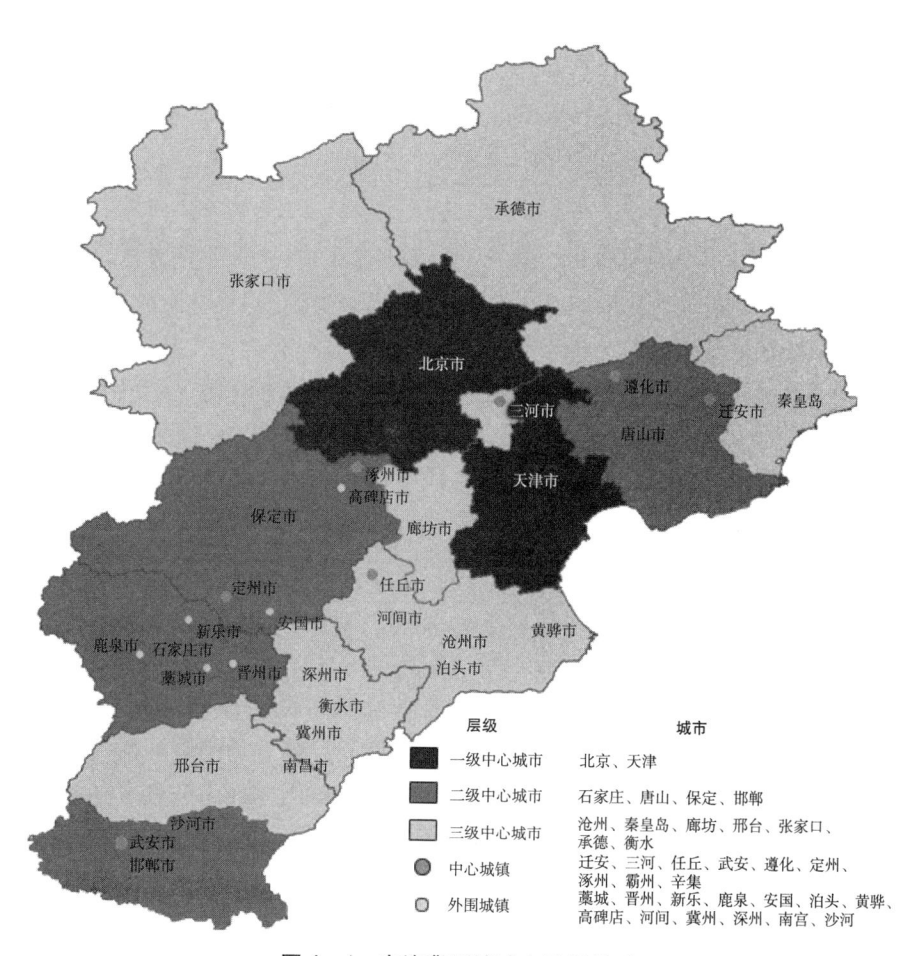

图4-4 京津冀区域城市层级关系

2. 各层级与京津的发展关系

按照上文分析的结果，京津冀区域的空间格局表现为：以北京为极核，以北京和天津为中心城市，石家庄、唐山、保定、邯郸为二级中心城市，其余河北省设区市为三级中心城市，县级部分城镇为中心城镇，其余县级城镇为外围。这些城市在地理位置和经济发展以及其他方面和京津均有着一定的发展关系。

（1）二级中心城市与京津的发展关系。石家庄作为河北省的省会城市，在地缘上和北京、天津的距离相差不多。石家庄距离北京280公里，距离天津300公里，有着一定的区位优势。石家庄的基础设施建设具有较强的优势，发达的公路、铁路、航空等基础设施条件，是京津冀区域重要的客、货中转站，是环京津地区最大的货运空港。依托优越的区位交通优势，石家庄主要是以医药、纺织和商贸物流等产业为主，其专业市场、商贸流通和现代物流业表现出较强的发展势头。石家庄作为京津冀区域重要的综合型城市，既和北京、天津有着密切的联系，又有自己的腹地，具有要素集聚和扩散的潜力。京津冀区域的北京是"极核"城市，北京和天津又是中心城市，是京津冀区域的"双城"，石家庄作为京津区域的次级中心城市之一，也是华北南部的中心城市，可以作为京津的承接城市，向冀中南区域发展，带动冀中南区域的发展，也是京津冀区域发展的左翼。京石发展轴已经串联在一起成为京津冀合作的拓展区，同时石家庄也成为京津冀左翼的现代产业发展区，在现代新兴产业的发展上具备承接京津的新兴产业的条件。

唐山处于环渤海经济圈中心地带，距离北京155公里，距离天津100公里。唐山是滨海经济带上的城市，区位条件优越，拥有众多的港口，腹地较为广阔。唐山港、京唐港区、曹妃甸港区西邻天津港，为国际通航的重要港口；铁路、高速公路、公路、港口交织成网成为唐山交通十分便利的重要条件，唐山对外联系非常便捷。唐山是河北省的经济中心城市之一，主要承接了北京的钢铁产业；唐山与天津都是依托沿海港口优势，积极发展重化工业，推进产业向沿海地带转移，吸引企业向滨海经济带聚集，唐山以钢铁为重点、天津以能源工业、造船和装备制造业为主，这些临港工业的发展，也积极促进了金融业、进出口贸易、保税加工和物流业的发展，唐山、天津共同形成了京津冀地区甚至是北方地区主要的化工、能源、钢铁和物流基地。

保定北邻北京市，市中心北距北京140公里，东距天津145公里，保定是北京的门户，是冀中中心城市，现为大北京经济圈中的两翼之一，也是北京的主要卫星城。保定和北京、天津在京津冀区域构成黄金三角，并互成犄角之势，保定是京津冀地区次级中心城市之一。保定到京津的交通十分发达，城际铁路将实现到北京和天津的公交化联系，这将使保定成为京津冀区域甚至是华北区域的铁路交通枢纽，这也会在一定程度上进一步巩固保定的重要区位地位。保定以轻纺、化纤、造纸、胶片制造、汽车及零部件、食品、电子为支柱产业，重点发展机械、化工和旅游业，正在建设河北省省域旅游中心、京津冀区域的文化次中心和轻工业生产基地。

邯郸位于京津的西北方向，和其他设区城市相比，与北京、天津的距离都是最远的。邯郸离北京的距离是430公里，离天津市450公里。因此，在距离上和京津不如其他城市具有优势，但是邯郸属于文化古城，因此，在京津冀区域，建立的围绕京津、接受京津辐射的城市发展区中，建设的石保现代产业发展区就包括了在京石沿线上的邯郸。石保现代产业发展区沿线城市带，旨在围绕北京的电子信息、生物制药等成熟型技术，结合生态、旅游资源开发，发展卫星式产业化基地，以连接北京高新技术产业为主，从而形成以北京为龙头的高新技术产业化基地，打造高新技术产业隆起带，为京津提供互补性服务。

石家庄、唐山、保定、邯郸等四个区域次中心城市在区域经济发展中都和京津发生一定程度的联系，发挥着各自重要的作用。

（2）三级中心城市与京津的发展关系。沧州、秦皇岛、廊坊、邢台、张家口、承德、衡水是京津冀区域的第三级中心城市，从市级层面上讲，是京津冀的节点城市，是河北省省域的次中心城市。这些城市作为比上一层级低、比下一层级高的城市层级，一方面接受来自上一层级中心城市的辐射，另一方面利用自身的优势对县级城镇进行资金、人才等要素的辐射。它们在区域经发展中和京津有着一定的发展关系。

沧州位于京津的南部，北邻天津，在建立的围绕京津、接受京津辐射的城市发展区中石保现代产业发展区就包括了沧州，由于沧州有黄骅港，并紧邻天津，因此又处于津唐秦沧的港口经济发展带上。

秦皇岛处于环渤海经济圈中心地带，是国际通航的重要港口。秦皇岛与天津都是依托沿海港口优势，积极发展重化工业，推进产业向沿海地带转移，吸引企业向滨海经济带聚集，秦皇岛和天津以能源工业、造船和装备制造业为主发展临港工业，京津冀区域发展的右翼为京唐秦发展轴，其中秦皇岛正是位于这一发展轴上，成为北京向东北方向发挥辐射效应的主要通道，这条通道在打造京唐秦高技术产业带，促进三市高新技术产业、临港产业、传统产业的战略重组和相互协调。京唐秦三个城市竞争与合作并存，既有同构现象，也有合理分工、优势互补的特征：北京拥有知识经济优势，唐山拥有重化工业和能源优势；秦皇岛传统工业发展较好，旅游资源丰裕。

廊坊位于河北省中部偏东，地处北京、天津两大直辖市之间，是京津冀城市群的地理中心，距北京40公里，距天津中心区60公里，是中国铁路、公路密度最大的地区之一。廊坊和北京与天津相邻，具有依托京津和空港、海港的区位优势，是京津圈内科教、文化、生活的次中心城市，也是京津人口、科教功能转移的重要城市。围绕这一功能，其产业也是以科教文化产业、高效农业、食品加工以及电子、医药等高科技产业为主。

邢台位于京津的西北方向，和北京、天津的距离较远。因此，在和京津的关系上没有区位上的优势，但是邢台的传统制造业也具有一定的优势，在京津冀区域建立的围绕京津的城市发展区中，是石保现代产业发展区中的城市。

衡水是位于河北省东南的京津冀三级区域性中心城市，是重要的交通枢纽和物流中心，北方滨湖生态园林城市，也处于石保现代产业发展区沿线城市带上，在区域经济发展中尽力融入京津的发展圈。

张家口、承德一直是京津的生态涵养发展区。这一区域北边与内蒙古、辽宁接壤，西边和山西相邻，南边和北京、天津连在一起。由于历史原因和特殊的地理位置，张、承地区一直都是北京、天津的生态屏障，在主体功能区规划中，张承的很大一部分被规划为限制开发区，这就造成张、承地区的经济发展受限，从而导致经济发展较为落后，区域性中心指数排在京津冀区域的倒数第三位、第二位。张、承区域经济发展和生态建设之间的矛盾，不仅是张承自身发展需要解决的问题，而且也是京津冀区域急需解决的问题。

（3）中心城镇与京津的发展关系。中心城镇是城乡的连接点，在城与乡之间的产业、要素、资源配置等方面发挥集聚和辐射作用，带动周边地区发展。在河北省的22个县级市中，迁安、三河、任丘、武安、遵化、定州、涿州、霸州、辛集等9个城镇是京津冀区域的河北省域中心城镇，它们承担着县级城镇的中心。这9个中心城镇中，涿州、定州、武安位于京石邯城镇发展轴上，三河、迁安、遵化位于京秦城镇发展轴上，霸州、任丘在京九城镇发展轴上，辛集位于石黄城镇发展轴上，和京津两大城市都有着一定的联系，能对周边的县域经济起到集聚和辐射的作用，并加速形成新的城镇化发展载体。这些中心城镇，一方面接受来自京津中心城市和河北省省域中心城市、河北省省域次中心城市的辐射；另一方面，也发挥着中心城镇对周边地区的带动作用。

4.4.3 京津冀城市层级发展关系中河北省城市发展存在的问题

从城市层级可以看出河北省和京津具有较为分明的层级关系，但是，城市体系的分布存在着以下几个问题：

1. 河北省城市分布呈现分散、规模小的特征

就京津冀区域大大小小的35个城市而言，北京和天津作为京津冀区域的两大中心城市，在京津冀区域长期以来都在唱着"双城记"。依据前文的分析，无论是从经济实力、人口、产业布局、基础设施建设等方面，北京和天津的城市规模非常庞大，城市功能相对极化，聚集了京津冀区域的优势资源，将河北省的城市远远甩在后面。从人口规模上来看，北京和天津容纳了京津冀长常住人口的60.82%，远大于河北省其他大中小城市容纳的市区人口总和，是京津冀区域的两个巨大城市。与之相比，河北省的城市却出现了分散、规模小的特征，唐山和石家庄是两个典型的大城市，邯郸、保定从人口规模上而言，刚刚跻身大城市行列，秦皇岛、邢台、张家口、廊坊、承德、沧州、衡水都属于中等城市，其余城市呈现小城镇排列，不仅规模偏小，而且零星分布在京津的周围。京津冀区域除了京津两个功能集中的巨大型城市外，没有特大城市，接下来就是唐山和石家庄两个大城市，其他城市人口规模依次排列。也就是说，京津冀区域的特大城市出现了断层，而这种断层的出现使得巨大城市和大城市之间缺乏一定的连接和支撑，从而弱化了巨大型城市的辐射带动作用，不利于京津冀在城市层面的协同发展。

2. 河北省缺乏有竞争力的中心城市

从京津冀区域的城市层级分布来看，京津冀城市呈现一定的层级分布特征，其中对于河北省而言，区域性中心城市可以确定为石家庄、唐山、保定、邯郸等四个城市。但是就前面分析的综合实力的结果，河北省的石家庄、唐山、保定、邯郸等四个城市的综合实力和北京、天津相差太大。北京的综合实力得分为79.34，天津的综合实力得分为47.06，而石家庄和唐山作为河北省综合实力最强的城市综合实力得分也分别只有30.78和30.14，保定和邯郸虽然有发展其潜力，但是综合实力得分比石家庄和唐山还小。因此，就河北省的区域性中心城市而言，在城市竞争力方面，与京津根本不可同日而语，甚至可以说极度缺乏竞争力。这样一来，一方面，在接受京津的辐射时，在城市规模、功能基础方面的承接力就不是很强；另一方面，在省域范围内虽然比其他城市实力强劲，但是综合实力还不是很突出，在对省域外围城市和城镇的辐射和带动作用方面也会受到很大的制约和阻碍。

3. 河北省各城市和京津的联系相对来说比较封闭

受到行政区划和市场经济不完善的限制，京津冀区域内部的河北省省域内的城市发展战略和空间组织大多数是从自身考虑的，缺乏京津冀就协同发展的区域整体性的发展理念。其中，北京作为中心城市，由于其特殊的政治地位和强劲的综合实力，在发展过程中从本身发展空间考虑人口、产业等的转移，没有充分考虑与京津冀区域内其他城市的对接，而河北省的城市由于和京津的综合实力差别太大，因此，没有足够的综合实力和京津进行平等对话，在产业发展和城市发展等诸多方面没有话语权，唐山、廊坊、秦皇岛、沧州等城市虽然承接了京津的部分产业，但是被动承接的成分较多，其中最主要的原因在于其总体实力不强，优势不突出，后劲不足。张家口和承德由于其特殊的生态屏障地位，在工业发展方面更是没有话语权和发展空间。由于省域中心城市的综合实力不是很突出，对省域外围的带动作用较弱，河北省省域各城市间发展也是相对封闭，这也不利于京津冀在城市层面的协同发展。

4.5 本章小结

本章主要基于经济发展梯度、产业发展梯度及城镇层级关系三大维度对河北—京津的区域经济发展差异进行多维度解析，反映京津冀三地的区域经济发展水平的现状。通过对河北—京津的区域经济发展的梯度分析，得出京津冀区域13个城市按照区域综合实力发展水平可以划分为五类，其中北京和天津分别位列高梯度区；石家庄和唐山位列中梯度区；廊坊、秦皇岛、保定、邯郸、沧州、张家口、邢台位列较低梯度区；承德、衡水位列低梯度区。而且京津冀区域经济发展梯度在空间上具有一定的表现特征，第三产业特别是新兴服务业发展水平高、工业发展水平高、交通干线发达的经济主体综合实力评价值最高，河北省省域的沿海和省会城市居于中度经济发展梯度，河北省省域陆域和山区梯度综合实力评价值相对低。从经济基础、产业结构、要素投入和使用、市场化程度和空间格局变动等方面对其存在的经济发展梯度的原因进行分析。通过对产业发展梯度分析，一方面，表明北京的大部分第三产业具有向河北省转移的可能，河北省基本具备承接北京的部分服务业的条件，如果转移和承接成为可能，有助于打破地区间市场壁垒，推进市场经济和市场化程度的提升。另一方面，表明天津可以考虑将煤炭开采和洗选业等重工业行业向腹地河北进行转移，而且河北省由于重工业发展的良好基础，具备承接这些重工业条件。通过对河北省区域性中心城市、中心城镇的确定及其与京津发展的层级关系分析，科学分析了河北—京津的城市层级关系，并归纳梳理出所存在的固有问题。对于以上问题的分析，对于认清京津冀三地的区域经济发展差异的现状，让每一个经济主体都正确认识自身的优势和功能定位，并在充分发挥优势和适宜的功能定位中做到优势互补、共同发展，进而实现真正的协同发展，有着重要的实际意义。

5

协同视角下河北借力京津发展的实证分析

京津冀协同发展，中心是京津冀三地作为一个整体协同发展，是以疏解北京非首都中心功能、解决北京"大城市病"为基本出发点，调整优化城市布局和空间结构，推进产业转移，形成京津冀互利共赢的协同发展新格局。

从第三章分析京津冀的历史关系演进中能够看出，京津冀历来就有合作的基础，河北省力图借力京津的发展具备一定的条件和可能。从第四章分析河北—京津的发展现状能够看出，京津冀在区域经济发展、产业发展、城镇发展都存在着较大差距。因此，协同发展的京津冀三个经济主体都应该正确认识自身的功能定位，并在适宜的功能定位中谋求发展。京津冀协同发展中的北京、天津和河北三个经济主体的地位是平等的，在发展过程中应进行平等协商，并做到优势互补，共同进步。

京津冀协同发展有赖于各城市正视在运行过程中所存在的现实差距，合理运用空间经济联系找到城市间协作发展的途径。在京津冀城市之中，河北省各城市发展与京津存在着梯度，影响其融入协同发展的效果。因此，在京津冀协同发展过程中，河北省现阶段应重点着眼于充分利用京津的发展优势，弥补自身的发展劣势，充分借力于京津发展自身区域经济。这种借力的过程需要依赖于河北与京津的空间经济关联，主要体现在经济影响力和市场潜力上（而经济影响力在现阶段则更多的体现为辐射这种形式，即京津对河北的辐射力）。本章对此展开全面系统性的实证分析。本章实证分析在京津冀协同发展中，河北省将自身放在和京津平等的地位上，京津在现阶段由于中心地位对河北省产生了什么样的经济影响力、河北省对于京津产生的经济影响力具有什么样的市场潜力，并建立实证模型分析京津对河北省的经济影响力和河北省具备的市场潜力会对河北省产生怎样的经济增长效应，从而为协同视角下的河北省在发展过程中确定经济策略提供理论依据。

5.1 协同视角下河北借力京津发展区域经济的模型框架

5.1.1 模型框架的依据

任何区域中的经济主体都不可能孤立的存在，各经济主体之间的资本、人才、信息、技术等要素总是在不断的进行着交流。生产要素的交流使得区域中的经济主体总是发生着经济联系，经济主体之间的经济联系衡量着区域经济协同发展程度。区域经济联系量是用来衡量区域经济联系强度的指标，它可以有两种表现：一方面区域经济联系量表现为中心城市对周边地区的辐射能力；另一方面表现为周边地区对中心城市辐射能力的接受程度。衡量京津冀区域经济协同发展我们可以选择对区域经济联系的分析。

京津冀区域 13 个城市之间资本、人才、信息、技术等要素的交流从来没有间断过，也就是说 13 个城市的经济联系一直在持续不断的发生，这和京津冀的地缘、人文、历史等相近密不可分，这在前文京津冀历史发展关系演进中已经论述。京津冀协同发展是将京津冀三地放在平等的地位上，三地发挥各自优势，产业、资源等优势互补，共同发展。但是，即使是协同发展，经济主体地位平等，也要承认京津冀各城市在经济发展、产业发展、城镇发展存在着不平衡的事实，这在第四章也得到了证实。京津冀三地的区域经济发展，总是会发生一定的经济联系，这种经济联系一个很重要的特征，就是京津由于其绝对的高势能会对河北在空间上产生一定的经济影响力，这种空间经济影响力可以表现为京津对河北省的辐射力，也可以表现为河北对京津辐射力的接受程度。这两种影响力在时间上的表现可以是静态的，也可以是动态的，也可以是静态和动态的交织。这样的影响力也会呈现阶段性的特征，在区域经济整体竞争力不强、区域内部经济主体发展差异较大的阶段，就会主要表现为势能高的地区会向势能低的地区发出辐射，势能低的地区需要做好接收辐射的准备，借力高势能地区进行发展；在区域经济整体竞争力较强、区域内经济主体发展水平基本相近的阶段，主要表现为各经济主体完全融为一体，实现了真正的一体化发展。

本研究认为对于京津冀区域，目前处于区域经济整体竞争力不强、区域内部经济主体发展差异较大的阶段，京津对河北省会发出经济辐射，尤其是协同发展的战略的提出，更是给了河北省借力京津的发展提供机遇，尤其是北京由于要疏解城市部分功能，会对河北省的辐射进一步增强。基于以上思想，本章分析京津冀区域中，京津冀处于第一种发展阶段，京津对河北省经济影响范围也就是辐射的范围圈域有多大，京津对河北省的经济辐射力如何，河北省具备怎样的市场潜力来接收来自京津的辐射，以及京津对河北省的经济辐射如果利用好的话，能够对河北产生怎样的经济增长效应，从而为河北省在京津冀协同发展中如何实施相应的策略提出理论依据。

5.1.2 模型框架的构建

协同发展中的河北省借力京津进行区域经济发展研究遵循以下模型框架：

第一，在京津冀13个城市范围内，源于各城市发展的初始禀赋不同、发展路径不同以及城市定位不同，城市之间在各自漫长的演进过程中，在诸多层面形成了多样化的发展特征。例如前文所述各城市因综合实力不同而形成一定的中心—外围结构，从而演化出不同的层级，各层级城市之间存在着经济发展特别是产业发展的强弱差异，我们可以将这一差异称为势能差，这一势能差的产生便是形成本研究的初始条件，这也是前文的研究内容。

第二，为研究方便，假设京津冀各城市之间进行要素的往来和配置的过程只在各城市内部进行，并且要素流动相对顺畅。那么，具备高势能也即处于高梯度的城市便有可能通过空间经济影响力[1]或空间溢出的形式，将自身所具备比较优势的产业、资源流转至低势能也即处于低梯度的城市。可以说这种经济影响力是城市之间梯度得以扩大或者缩小的传播途径。

第三，经济影响力的内容可能因发出城市的不同而各异。例如前文提及

---

[1] 这里的经济影响力通过前文中介绍的区域经济联系力——经济辐射力和市场潜力来表现。

北京的第三产业实力较强,因此可能将第三产业以企业空间布局的形式辐射转移至河北和天津;而天津的工业相对较强,因此可能以产业链的形式辐射转移至河北;而在河北省内部,石家庄和唐山因处于省域中心城市的位置,而将产业和市场面辐射转移至省域城市等级相对较低的城市。按照中心城市对外围的经济影响力的范围,可以分为来自河北省外也就是来自京津对河北省全域的经济影响力,称为域外经济影响力;河北省内部高低层级城市之间的经济影响力,称为域内经济影响力。

第四,通过企业业务拓展、产业链延伸和资金、人才等要素往来形成的经济联系搭建了城市之间辐射和接收得以实现的桥梁。按照经济影响力的大小,可以确定辐射力,从而更为明晰的使得辐射的范围可视化。

第五,经济影响力所表现出来的辐射来自于梯度较高的一方,接收来自于梯度较低的一方,后者的接收程度对其经济发展所产生的影响(经济发展效应),将能够在一定程度上检验辐射的效果。

第六,河北省不同层级的设区市接受来自京津的域外辐射的能力有所不同,因此河北借力京津发展或者说京津向河北辐射不应一刀切,在每个城市应采取不同的辐射和对接对策。因为河北省各城市市场发育程度不同,对来自京津的辐射存在扰动,因此构建有效辐射力弹性综合衡量河北借力京津辐射的经济发展效果。

第八,作为辐射的效果,可能河北省一部分城市通过接受来自京津的辐射增强了自主发展的能力,再将积极的影响反馈至省内其他区域或京津地区从而产生联动效应,也可能在现阶段这种积极影响没有完全体现出来。

上述模型框架的经济学思想逻辑图如图 5-1 所示。

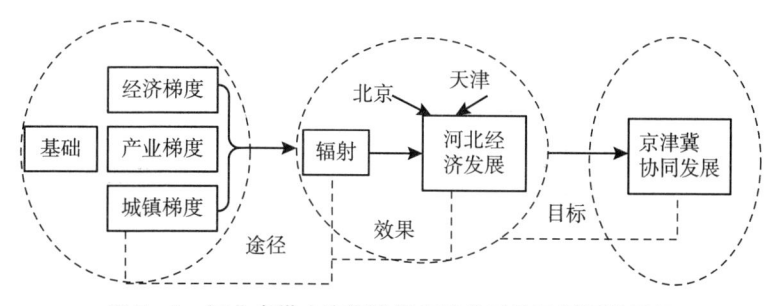

图 5-1 河北省借力京津进行经济发展的思想逻辑框架

5.2 京津对河北省的经济影响力分析

5.2.1 京津对河北省11个城市的经济辐射圈域

通过前文分析可知，北京和天津的城市发展综合实力处于较高的发展水平即高梯度层次，二者因地理位置和到河北省的空间距离不同，可能会对河北省各城市发挥能级不同的经济辐射效应，或者说二者对河北省的辐射圈域或范围不同。了解辐射圈域的大小，可以使我们更加明确京津冀在未来的发展进程中，河北省区域经济发展如何去做。

在第四章中对29个指标进行主成分分析，提取了五大公因子：新兴服务业、工业发展、对外辐射、环境运行、城市承载力，并计算出各因子的得分，最终通过权重求出13个城市的综合得分。为了消除量纲影响，对于13个城市的综合得分进行了标准化处理，最终求出综合实力得分，并对13个城市的综合实力得分进行排名。在这些实证研究的基础上，本章通过实证模型测算出2013年的北京、天津两大中心城市对河北省的11个城市的辐射影响范围。

1. 辐射范围的断裂点模型

断裂点理论在区域经济学上常被应用于城市吸引范围和城市经济区的划分。该模型认为中心城市对相邻地区产生影响会随着距离的增大而衰减。断裂点模型是研究经济辐射影响力的典型方法。该理论认为在某一点，两个城市的辐射力会相等并形成一个平衡点，这个平衡点就是断裂点[①]。计算公式为

$$d_A = D_{AB}/(1 + \sqrt{P_B/P_A}) \text{ 或 } d_B = D_{AB}/(1 + \sqrt{P_A/P_B}) \quad (5-1)$$

公式5-1中，d_A 和 d_B 分别为断裂点到两城的距离，D_{AB} 为两城的直线距离，P_A 和 P_B 分别表示两个城市的人口。当然，由于这些变量的使用具有科

---

① 源自康务尔斯（P. D. Converse）的分流点（breaking point）概念，确定两个城市的影响力在某地的分界点。

学性的问题，因此，随着学者对问题的深化，断裂点公式中的变量的含义也在不断发生变化。其中，原始公式中 D_{AB} 为两城的直线距离，但是有的学者采用空间距离，有的学者采用公路距离，本书采用公路主要是高速公路距离。关于 P_A 和 P_B，原始公式中的两个城市的人口较为片面，后来城市的人口被商品零售消费品总额或 GDP 所代替，但是这些指标都很单一。

本研究为了从空间角度进一步衡量北京、天津对于河北省的城市经济辐射范围，引入断裂点模型。并对断裂模型进行修正，运用第四章求得的河北省 11 个城市综合实力得分 P'_A 和 P'_B 代替 P_A 和 P_B，来计算北京、和天津对河北省周边城市的断裂点，修正后的计算公式为

$$d_A = D_{AB}/(1 + \sqrt{P'_B/P'_A}) \text{ 或 } d_B = D_{AB}/(1 + \sqrt{P'_A/P'_B}) \quad (5-2)$$

2. 京津对河北省 11 个城市断裂点的经济辐射影响圈域

（1）北京对河北省 11 个城市断裂点的经济辐射影响圈域。本书根据北京到河北省 11 个城市的高速公路距离，和前面实证计算的 2013 年 13 个城市综合实力得分值代表的数据代入断裂点模型公式，得到北京与河北省 11 个城市的断裂点位置，见表 5-1。

表 5-1　　　　北京对河北 11 个城市之间的断裂点（2013 年）

城市	城市综合实力得分	到北京的距离（公里）	断裂点的位置
北京	79.34	0	
石家庄	47.056	280	172.533
唐山	30.782	155	95.954
秦皇岛	30.043	270	173.677
邯郸	24.405	430	282.024
邢台	21.843	380	252.721
保定	20.125	130	85.062
张家口	22.144	170	112.311
承德	20.933	205	139.483
沧州	17.505	190	124.815
廊坊	21.64	45	28.295
衡水	24.483	250	169.646

说明：城市综合实力得分数据来源于表 4-7，两城市间的距离为高速公路距离。

为了更加直观的表现北京对河北省 11 个城市的辐射影响情况，我们依据表 5-1 中的数据，采用 GIS 的分析工具将其表现在图形上，如图 5-2 所示。

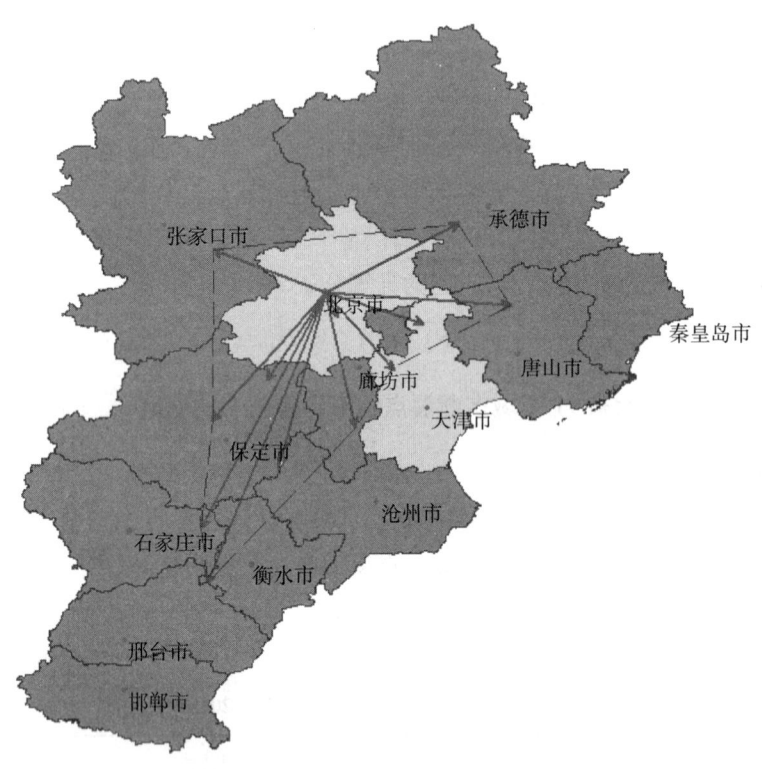

图 5-2　北京对河北省 11 个城市的经济辐射影响范围示意

（2）天津对河北省 11 个城市断裂点的经济辐射影响圈域。仍然依据表 4-7 中 2013 年天津和河北省 11 个城市的综合实力得分值，以及天津到河北省 11 个城市的距离的数据，代入断裂点公式，得到天津与河北省 11 个城市的断裂点的位置，见表 5-2。

表 5-2　　　　天津对河北 11 个城市之间的断裂点（2013 年）

城市	城市综合实力得分	到天津的距离（公里）	断裂点的位置
天津	47.060	0	0
石家庄	47.056	300	165.859
唐山	30.782	100	55.586

续表

城市	城市综合实力得分	到天津的距离（公里）	断裂点的位置
秦皇岛	30.043	260	151.151
邯郸	24.405	450	267.653
邢台	21.843	400	241.847
保定	20.125	180	106.764
张家口	22.144	290	173.97
承德	20.933	290	180.136
沧州	17.505	110	65.550
廊坊	21.640	45	28.295
衡水	24.483	250	169.646

说明：城市综合实力得分数据来源于表4-7，两城市间的距离为高速公路距离。

此处仍然依据表5-2中的数据，借助于GIS的分析工具将天津对河北省11个城市的辐射影响范围直观的在图形中表现出来，如图5-3所示。

图5-3 天津对河北省11个城市的经济辐射影响范围示意

(3) 北京和天津对河北省 11 个城市断裂点的经济辐射影响圈域重合区域。借助于 GIS 的分析工具将北京和天津对河北省 11 个城市的辐射影响范围重合区域直观的在图形中表现出来，如图 5-4 所示。

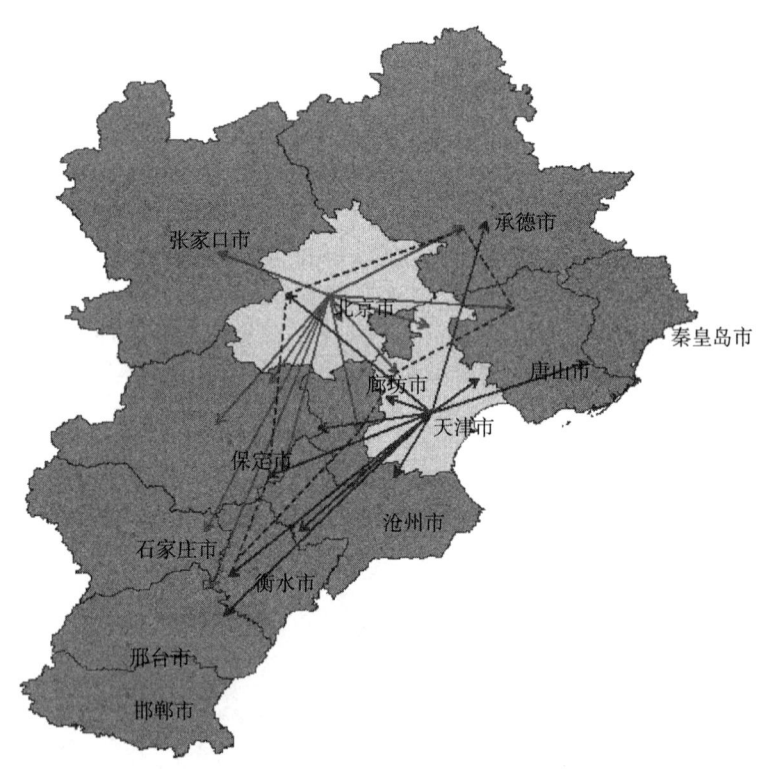

图 5-4　北京和天津对河北省 11 个城市的经济辐射影响范围重合示意

5.2.2　京津对河北省 11 个城市的经济辐射力分析

断裂点模型能够大致计算出中心城市的影响范围。但是，学者们认为中心城市的经济辐射影响力并不只是局限在断裂点内部，而是可以辐射到另一城市的范围内，只是其辐射影响力会小于另一城市的影响力。因此，要分析中心城市对周边区域或城市的经济辐射影响力，还需要借助辐射力模型，全面分析中心城市对其他城市的经济辐射影响力的大小。

经济辐射力模型为

5 | 协同视角下河北借力京津发展的实证分析

$$F_{ij} = \frac{\sqrt{P_i G_i} \sqrt{P_j G_j}}{d_{ij}} \qquad (5-3)$$

公式 5-3 中，F_{ij} 可以赋予的经济学含义是辐射源 i 对受力点 j 产生的经济辐射力，代表着经济辐射能力的效果如何。$\sqrt{P_j G_j}$ 代表城市辐射源城市 i 的城市质量，其中，P_i 为辐射源城市 i 的城市市区非农人口，G_i 为辐射源城市 i 的国内生产总值；P_j 为被辐射对象城市 j 的城市市区非农人口，G_j 为被辐射城市 j 的国内生产总值，我们对 G 进行修正，认为 G_i 为辐射源城市 i 的综合实力得分值，G_j 为被辐射城市 j 的综合实力得分值。

5-3 公式中的 d_{ij} 表示辐射源城市 i 到被辐射城市 j 的距离，这里的距离和上面断裂点模型中的距离保持一致。

根据经济辐射力的模型，我们以京津冀区域 13 个城市为研究对象，以北京、天津为辐射源城市，以河北省的 11 个城市为被辐射城市，计算北京、天津对河北省 11 个城市的经济辐射力。在这里，我们选取 2013 年的数据进行测算。

1. 北京对河北省 11 个城市的经济辐射力分析

在计算经济辐射力过程中，我们将北京作为辐射源，将河北省 11 个城市作为被辐射对象，通过经济辐射力模型，测算出北京这一辐射源对被辐射对象的河北省 11 个城市的经济辐射力。北京对河北省 11 个城市的经济辐射力的结果如表 5-3 所示。

表 5-3　　北京对河北省 11 个城市的经济辐射力及排名（2013 年）

被辐射城市	北京	
	经济辐射力 F_{ij}	排名
石家庄	3533.826	5
唐山	12480.36	2
秦皇岛	1998.098	8
邯郸	938.025	10
邢台	909.749	11

续表

被辐射城市	北京	
	经济辐射力 F_{ij}	排名
保定	9048.85	3
张家口	4595.822	4
承德	2401.596	7
沧州	2959.764	6
廊坊	69674.57	1
衡水	1358.589	9
平均数	9990.841	

从表5-3可以看出，北京对河北的廊坊、唐山、保定、张家口、石家庄的经济辐射力较强，尤其是对廊坊的辐射力就占总辐射力的63.4%，而对廊坊、唐山和保定三个城市的经济辐射力占总经济辐射力的83%，这充分反映出廊坊、唐山、保定作为环首都经济圈的重要城市，在接受北京经济辐射和与北京进行产业合作方面具有得天独厚的优势。除了廊坊、唐山、保定三市外，北京对张家口和石家庄的经济辐射力也较强，这反映出张家口作为北京的临近城市和北京水源的上游，与北京在产业合作、生态合作等方面具有潜在的优势；北京对石家庄的经济辐射力证明石家庄作为京津冀区域重要的次级中心城市具有较强的综合实力。北京对沧州、承德、秦皇岛、衡水四个城市经济辐射力的总和占总辐射力的7.9%，比重相对偏小，这说明北京对这四个城市的辐射力度明显不足。而对邯郸和邢台两个城市经济辐射力的总和占总辐射力的1.7%，比重薄弱。这说明北京对这两个城市经济辐射力非常有限。综合分析发现，北京对腹地河北省的11个城市的经济辐射影响主要集中在环首都经济圈的廊坊、唐山、保定，对张家口、石家庄的经济辐射也存有深度挖掘的潜力，但是对其余6个城市的经济辐射力较小，这反映出北京对腹地河北省的扩散作用还不够强。

2. 天津对河北省11个城市的经济辐射力分析

将天津作为经济辐射源，将河北省11个城市作为被辐射对象，通过运用经济辐射力的模型，测算出天津这一辐射源对被辐射对象的河北省11个城市的经济辐射力。天津对河北省 11 个城市的经济辐射力的结果如表 5-4 所示。

表 5-4　天津对河北省 11 个城市的经济辐射力及排名（2013 年）

辐射对象城市	天津	
	经济辐射力 F_{ij}	排名
石家庄	1925.818	5
唐山	18758.02	1
秦皇岛	1348.013	6
邯郸	535.825	10
邢台	513.648	11
保定	2952.783	4
张家口	988.01	7
承德	750.772	9
沧州	5524.276	3
廊坊	18013.57	2
衡水	849.933	8
平均数	4741.87	

从表 5-4 可以看出，天津对唐山、廊坊的经济辐射力最高，分别为 18758.02 和 18013.57，天津对唐山经济辐射占总经辐射的 36%，对廊坊的经济辐射占总经辐射的 34.5%，就这两个城市而言，其经济辐射占到总辐射的 70.5%。这反映了天津和唐山都作为京津冀区域重要的工业城市，彼此间的经济联系较为密切，产业合作与互动的现实发展和未来潜力都很大。就廊坊而言，主要是占据了和天津毗邻的区位优势，在经济技术开发区和大企业的合作和扩散上占有优势。天津对沧州的经济辐射排在廊坊之后，这和近年来沧州黄骅港的港口经济发展密不可分。天津对保定、石家庄、秦皇岛、张家口、衡水、承德 6 个城市的经济辐射力占总经辐射的 16.9%，需要指出的是，石家庄作为河北省的省会及河北省区域性的中心城市，综合实力较强，但是天津对石家庄的经济辐射力并未占有优势，这和石家庄到天津的距离不无关系。天津对邯郸和邢台的经济辐射力不相上下，在 11 个城市中排列在后两位，其经济辐射力仅占总经济辐射力的 2.01%，这说明天津对这两个城市的经济辐射微乎其微，甚至可以忽略不计。

综合北京和天津对河北省 11 个城市的经济辐射力的数据结果，可以得出如下结论：

第一，从北京和天津对河北省11个城市的经济辐射影响力来看，廊坊、唐山属于一个能级，接受京津的经济辐射相对较大；保定、石家庄、张家口、沧州、秦皇岛、承德、衡水基本上属于接受北京、天津经济辐射的第二个能级；而无论是北京还是天津，对邯郸和邢台这两个城市的经济辐射都明显偏小，处于外围的弱势地位。

第二，从城市的经济辐射影响力来看，北京对河北省腹地城市的经济辐射影响力要大于天津。两大中心城市的经济辐射影响主要集中在临近的周围城市，对于较远距离的城市其经济辐射影响力则较小。

第三，距离中心城市距离越近，经济辐射影响力就越大，而经济辐射力的大小不仅和距离有关，而且还与自身城市的质量有关。结合北京、天津两大中心城市的城市质量，将北京和天津对河北省11个城市的经济辐射力的平均值进行对比，发现受辐射影响的11个城市接受北京的经济辐射力平均值为9990.84，远远高于接受天津的经济辐射影响力平均值4741.87，这一结论和现实相吻合，相对于天津，北京的城市综合经济实力强，城市的能级也大。

第四，北京和天津两大中心城市对腹地河北省产生的经济辐射影响力的效果及交通网络的可达到性有着密切的关系。北京对腹地河北省11个城市的经济辐射力和天津相比，数据相对要大得多，也就是北京对11个市的经济辐射力的作用要比天津强很多。之所以这样，一个很重要的原因是北京到河北省11个城市的交通状况要比天津更加便利和发达。

从北京和天津对河北省的11个城市的经济辐射力的结果来看，经济辐射主要围绕着北京、天津两大中心城市展开，这也充分体现出北京和天津作为京津冀区域性中心城市的主导地位，而北京在京津冀区域更是一个"极核"城市。

5.3 河北借力京津的市场潜力分析

5.3.1 城市市场潜力函数

市场潜力是指相对于城市外部区域的购买力而表现的该中心城市的供应

能力和吸引力[①]。市场潜力的概念最早是由美国经济学家克拉克（Clark）提出来的，最初的含义是对某一地区或城市接近市场的可能性进行度量。此后，美国地理学家哈里斯（Harris，1954）用市场潜力函数描述了美国不同地区接近市场的优势所在，得出在1939～1947年期间美国最快的工业增长出现在市场潜力最高的大城市的结论。因此，市场潜力函数实际上是用来描述一个地区或城市作为生产地，其区位的选择依赖于对市场的通达性。实践证明，是否最终形成和最终发展城市经济区域，在某种程度上依托于这一区域的市场潜力。哈里斯（Harris）提出了市场潜力指出模型来度量市场通达程度，其模型可以表述为

$$M_i = \sum_k (1/D_{ik}) P_i \tag{5-4}$$

公式中，M_i 表示 i 城市的市场潜力，D_{ik} 表示 i 城市到 j 城市的距离，哈里斯（Harris）最初赋予 P_i 的含义是商品零售额即市场规模，后来学者根据不同的需要用某地区或城市的地区生产总值等变量对 P_i 进行替代。从模型的公式可以看出，如果两个城市在空间上具有相互作用，那么这种相互作用的潜力与两个城市的距离成反比，与该城市的商品零售额或者地区生产总值等变量成正比。

以克鲁格曼和藤田昌久等为代表的新经济地理学者主要对市场潜力函数赋予了空间的意义，从空间模型推导出市场潜力函数。滨口—藤田依据 Dixt - Stiglitz 模型、萨缪尔森冰山运输方式，也对市场潜力函数进行修正。国内的学者赵曌、石俊敏（2007）研究了东北地区市场潜力和区域经济发展的关系，得出两者间存在高度相关空间关联的结论；王雅莉（2012）提出泛黄海城市经济区的最终形成，依托于该区域的市场潜力；张萌萌、孟晓晨（2014）分析了高铁对中国市场潜力有着重要的影响。

本研究对 Harris 的市场潜力模型进行了修正，用城市经济综合实力评价值替代社会零售品总额，分析城市与城市之间相互作用的市场潜力。

[①] 王雅莉. 城市经济学 [M]. 北京：首都经贸大学出版社，2008.

5.3.2 京津—河北的市场潜力

河北省多数城市处于京津冀区域经济发展的低梯度层次,河北省区域经济发展的关键还在于各城市综合发展实力的提升,主动吸引京津的经济辐射力、通过对接平台的搭建,强化并放大这种经济辐射效应。而要主动吸引京津对其经济辐射,就需要具备一定的市场发展潜力。测算河北省11个城市的市场潜力,能够使我们更为清楚地掌握河北省各城市主动接受来自北京和天津的经济辐射的潜力和能力所在,也反映了河北省各城市对于京津外部城市购买力所表现的供应能力。

此处选取河北省11个城市到北京、到天津的距离,选取2013年河北省11个城市的综合实力得分值,将这些指标代入修正后的市场潜力模型,得到河北省11个城市分别接受北京、天津两个城市经济辐射时所具备的市场潜力,如表5-5所示。

表5-5　　　　　　河北省各城市的市场潜力(2013年)

城市	相对于北京 市场潜力	排序	相对于天津 市场潜力	排序
石家庄	0.11	6	0.103	5
唐山	0.194	2	0.3	2
秦皇岛	0.09	7	0.094	6
邯郸	0.051	11	0.049	11
邢台	0.053	10	0.05	10
保定	0.17	3	0.123	4
张家口	0.123	4	0.072	7
承德	0.085	8	0.06	9
沧州	0.114	5	0.197	3
廊坊	0.544	1	0.35	1
衡水	0.071	9	0.071	8

表5-5体现了河北省11个城市面对外部城市北京和天津经济辐射影响时,所具备的市场潜力,对于其市场潜力进行分析,可以发现:

第一，市场潜力值越大，说明城市的市场力量越大，越能吸引来自外部城市的经济辐射，也越能够具备承接外部城市经济辐射的供应能力；反之亦然。市场潜力值越大，表明该城市具有相对较长和相对较为完善的产业链条，并且能够独立形成体系，从而发展与之相关的各种市场关系，形成更大范围的市场网络。市场潜力值越小，表明能够承接外部城市的流动要素较少，也表明该城市的现有产业、资源等还不具备承接外部城市经济辐射的供应能力。

从表5-5的数据结果看，相对于外部城市北京而言，河北11个城市的市场潜力中，廊坊、唐山、保定、张家口、沧州、石家庄的市场潜力值均在0.1以上，这说明这6个城市在面对北京的经济辐射时，具有较强的市场能力和供应能力来承接。秦皇岛、承德、衡水的市场潜力值都在0.1~0.05，说明这3个城市在承接北京经济辐射时，所具备的市场能力较弱。而邢台和秦皇岛的市场潜力值甚至都在0.05左右，说明这两个城市在面对北京经济辐射时，承接经济辐射的市场空间极其狭小，几乎没有承接的能力和空间。

就外部城市天津来说，河北省11个城市中的廊坊、唐山、沧州、保定、石家庄的市场潜力值都在0.1以上，说明这5个城市在面对天津的经济辐射时，具有较强的承接经济辐射的市场能力和较大的市场空间。秦皇岛、张家口、衡水、承德的市场潜力值都在0.1~0.05，说明这3个城市在承接天津经济辐射时，所具备的市场能力和供应能力较弱。而邢台和邯郸的市场潜力值在0.05以下，说明这两个城市在面对天津经济辐射时，几乎没有市场空间来进行承接。

第二，河北省11个城市相对于北京、天津两大中心城市的市场潜力大小的方向基本一致。

从表5-5可以比较河北省11个城市相对于接受北京和天津经济辐射的市场潜力，发现河北省11个城市相对于外部城市天津的市场潜力中，唐山、沧州、秦皇岛的市场潜力大于这几个城市相对于北京的市场潜力值。唐山、沧州、秦皇岛和天津一样都是环渤海的港口城市，这说明河北的沿海城市在面对天津这一沿海城市的经济辐射时，具有较强的承接市场能力和市场空间，这也表明唐山、沧州、秦皇岛三个城市在承接天津的经济辐射时具有较大的市场机会，需要不断的开拓和延续市场关系，这也为未来在京津冀协同发展中河北省唐山、沧州、秦皇岛的发展提供了策略依据。

河北省廊坊、保定、石家庄、张家口、衡水、承德、邢台和邯郸等8个城市相对于北京的市场潜力大于其相对于天津的市场潜力，而这8个城市都是内陆城市，这说明河北省内陆城市在承接北京经济辐射的市场能力和市场空间要大于天津。河北省的邢台和邯郸两个城市的市场潜力无论是相对北京还是天津，承接经济辐射的市场能力都很微弱。

综上所述，在京津冀地区，对承接京津辐射市场能力和市场空间较大的城市应该加大力度促进发展，顺畅产品销路，促进和京津对接及产业结构升级，使其最大程度接受来自北京、天津的经济辐射。

5.4 河北借力京津的实证分析模型

在京津冀协同发展过程中，河北省现阶段应重点着眼于充分利用京津拟转出某些产业的机遇，尤其是北京拟疏解其部分城市功能的机遇，充分借力京津发展自身区域经济。这种借力的过程需要依赖于河北与京津的空间经济关联，主要体现在经济影响力和市场潜力上，其中经济影响力在现阶段则更多的体现为京津对河北经济辐射力这种形式。

在此，我们将实证分析在京津冀协同发展中，河北省将自身放在和京津平等的地位上，京津对河北省的经济辐射影响力和河北省具备的市场潜力会对河北省产生怎样的经济增长效应，从而为协同视角下的河北省在发展过程中确定经济策略提供理论依据。

5.4.1 理论分析和研究假设

京津冀在地理位置上均属于环渤海地区，是我国北方经济、科技、文化较为发达的地区之一，它与长三角区域、珠三角区域并列成为我国的三大经济增长极。而且，国家已将京津冀协同发展上升到国家战略层面，高度认可京津冀协同发展，因此，京津冀作为一个独立的区域经济区，既符合国家战略意图，也吻合区域经济发展的特定要求。由此可以提出：

假设1：京津冀是一个独立的区域经济区。

按照区域经济学理论，在完全竞争市场条件下，要素应该在区域间自由流动。京津冀作为一个独立的区域经济区，应该是一个整体，共同处于同一市场环境和市场条件下，劳动、资本、技术、信息等生产要素能在区域间自由流动。尤其是随着京津冀区域间的交通和信息通达度的提升，要素流动的可能性和流动效率进一步提升。当然，由于行政区划使得三地形成三足鼎立的局面，要素的流动有时会存在壁垒，但是各种资源浑然一体、纵横交错、不可分割的客观事实，表明要素能在京津冀区域间自由流动。由此可以提出：

假设2：要素能在京津冀区域间自由流动。

按照区域经济学空间经济影响的经济辐射理论，经济辐射发生的一个重要前提就是两个主体之间存在着势能差，势能高的主体会利用自身优势通过一定的媒介对势能低的主体进行经济辐射。前面第四章从区域经济、产业、城镇层级的角度都分析了京津无论从哪个维度都具有比河北省不可置疑的优势。在京津冀区域，京津必然会向河北省发出经济辐射。由此可以提出：

假设3：河北省11个城市和京、津存在着很大的区域经济差异，京津处于高梯度地区，河北省11个城市处于低梯度地区，高梯度经济体利用自身的优势自然的向低梯度经济体发出经济辐射，经济辐射具有可能性，从而在空间上使得经济主体发生经济联系。

京津冀区域地理位置相近，可谓地域一体，在独立的大区域内，经济发展能够相互融合，相互协同。京津作为高梯度地区，利用自身优势向河北这一低梯度地区发出经济辐射，河北作为接受辐射的一方，大部分城市在产业基础、基础设施建设、公共服务等方面具备一定的实力和基础能够接收经济辐射。由此可以提出：

假设4：河北省11个城市可以接收京津的经济辐射。

传统经济学理论认为产出会受到劳动、资本、技术等要素的影响，进而提出了柯布—道格拉斯生产函数。按照区域经济学和空间经济学的理论，一个区域的空间经济因素也是影响产出的重要因素。依据研究区域经济增长的具体问题，空间经济因素会通过不同的变量来体现，本文认为京津对河北省的经济辐射力和河北省所具备的市场潜力可以作为重要的变量表现空间经济因素，由此可以提出：

假设5：京津对河北省的经济辐射力和河北省具备的市场潜力等空间经

济因素会对河北省各经济主体的产出产生重要的影响。

对于京津冀区域而言，北京和天津是两大中心增长极城市，在分工中京津和河北省应各自发挥自身优势，形成良性经济互补，从而构成紧密的经济联系。在此，我们通过河北省与京津相关变量的相关性来从实证的角度分析河北省在接受京津经济辐射时能够产生怎样的经济效益，从而促进其区域经济发展。

5.4.2 研究设计

1. 模型构建

依据研究视角和研究出发点的不同，实证模型采用柯布—道格拉斯生产函数，其生产函数为

$$Y = A_0 X_1^{\alpha 1} X_2^{\alpha 2} \cdots X_n^{\alpha n} \tag{5-5}$$

其中，A_0 为基期的技术水平；X_i（$i=1, 2, \cdots, n$）为各要素的投入数量；t 为时期；αi 为各投入要素的产出弹性。

为更加全面有效的得出空间经济因素京津对河北省的经济辐射影响力程度和河北省的市场潜力指数对河北省区域经济发展的影响，采用传统的柯布—道格拉斯生产函数，定义河北省经济发展是由固定资产投资、就业人数、经济辐射力和市场潜力联合所决定，此时柯布—道格拉斯生产函数的扩展模型则成为

$$Y = b_0 K^{b_1} L^{b_2} D_1^{b_3} D_2^{b_4} M_1^{b_5} M_2^{b_6} \tag{5-6}$$

将（5-6）取对数后，模型转化为

$$\ln Y = b_0 + b_1 \ln K + b_2 \ln L + b_3 \ln D_1 + b_4 \ln D_2 + b_5 \ln M_1 + b_6 \ln M_2 \tag{5-7}$$

上式中 Y 代表河北省 11 个城市的 GDP；K 代表河北省 11 个城市的固定资产投资规模、L 代表河北省 11 个城市就业人员、D_1 代表北京对河北省 11 个城市的经济辐射力、D_2 代表天津对河北省 11 个城市的经济辐射力、M_1 代表河北省 11 个城市相对于北京而言所具备的市场潜力、M_2 代表河北省 11 个城市相对于天津而言的市场潜力。因前文计算经济辐射力和市场潜力时应用到固定资产投资和就业人数指标，因此，为避免重复、统一指标的所属层次，

也为使研究更具有针对性,在此探讨京津对河北省11个城市的经济辐射力和市场潜力对河北省各城市经济增长的影响。表达式为

$$\ln Y = b_0 + b_3\ln D_1 + b_4\ln D_2 + b_5\ln M_1 + b_6\ln M_2 \quad (5-8)$$

将北京对河北省经济增长的影响和天津对河北省经济增长的影响分开进行计算,模型就变为

$$\ln Y_i = b_0 + b_3\ln D_1 + b_5\ln M_1 \quad (5-9)$$

$$\ln Y_j = b_0' + b_4\ln D_2 + b_6\ln M_2 \quad (5-10)$$

其中,Y_i、Y_j 分别为河北省11个城市的国内生产总值;b_3、b_4 分别为北京和天津对河北省各城市经济辐射力的增长弹性,b_5 和 b_6 分别河北省各城市相对北京和天津的市场潜力的经济增长弹性。因京津冀协同中,河北省发展相对滞后,因此市场潜力可能成为经济辐射力的扰动项,即可能在一定时期内会相对消耗掉北京、天津对河北省的部分经济辐射,因此采用 $b_3 + b_5 = c_1$,$b_4 + b_6 = c_2$ 分别表示排除扰动的河北省经济发展所依托的来自京津的经济辐射效果,定义 c_1、c_2 为有效经济辐射力弹性。

2. 变量选取

中心城市的经济辐射力通常会通过辐射媒介流对周边地区或城市的资金、技术、人才、产业、科技、就业等各个方面产生影响,而这种影响最终会在不同程度上体现在一个地区或城市的国内生产总值上。因此,我们要分析河北省区域经济发展,就以河北省11个城市的 GDP 作为被解释变量。

影响一个区域经济区各城市的 GDP 的因素有很多,甚至多种多样,但我们假定在某一区域的经济区内,某一城市的 GDP 不仅会受到自身的主观因素的影响,而且中心城市的对该地区的经济辐射力和被辐射对象的城市市场潜力也会发挥着重要作用,最终会导致对其 GDP 的增长产生影响。因此,在分析河北省区域经济增长时,以北京对河北省11个城市的经济辐射力、天津对河北省11个城市的经济辐射力、河北省11个城市相对于北京所具备的市场潜力、河北省11个城市相对于天津所具备的市场潜力为解释变量。

3. 数据来源

依据研究的需要,采集的数据主要包括2004~2013年河北省11个城市

的 GDP、北京对河北省 11 个城市的经济辐射力、天津对河北省 11 个城市的经济辐射力、河北省 11 个城市相对于北京所具备的市场潜力、河北省 11 个城市相对于天津所具备的市场潜力。

采集的所有数据均来源于 2004~2013 年的《中国城市统计年鉴》《北京市统计年鉴》《天津市统计年鉴》《河北省统计年鉴》和各城市历年统计公报的相关数据,还有少量数据是根据估算得出。其中,河北省 11 个城市相对于北京所具备的市场潜力、河北省 11 个城市相对于天津所具备的市场潜力根据 2004~2013 年的城市综合实力和公路距离的模型测算得出。

5.4.3 实证检验

根据模型 (5-9)、(5-10),得出最终的检验结果,如表 5-6 所示。

表 5-6　　　　　　　　　回归模型检测结果

城市	北京对河北省主要城市经济发展影响		天津对河北省主要城市经济发展影响	
	北京对河北的经济辐射力	河北相对北京市场潜力	天津对河北的经济辐射力	河北相对天津市场潜力
石家庄	3.44 *** (2.36)	-1.86 (-1.36)	3.44 (0.97)	-0.84 (-0.37)
唐山	6.18 *** (3.46)	-2.18 ** (-2.06)	-0.22 (-0.07)	1.50 (0.72)
秦皇岛	6.35 *** (4.57)	-3.86 *** (-3.62)	6.80 *** (2.95)	-2.80 ** (-2.16)
邯郸	5.46 ** (2.30)	-2.28 * (-1.68)	3.15 (1.02)	-0.76 (-0.46)
邢台	2.97 *** (2.36)	-1.58 *** (-2.69)	3.07 ** (2.61)	-1.52 * (-1.83)
保定	6.21 *** (3.46)	-3.08 ** (-2.09)	4.68 (1.49)	-1.62 (-0.87)
张家口	2.84 (4.57)	-0.36 (-0.22)	-0.08 (-0.02)	1.38 (0.74)
承德	6.10 *** (2.37)	-3.02 *** (-3.82)	6.43 *** (3.45)	-3.01 ** (-2.55)

5 | 协同视角下河北借力京津发展的实证分析

续表

城市	北京对河北省主要城市经济发展影响		天津对河北省主要城市经济发展影响	
	北京对河北的经济辐射力	河北相对北京市场潜力	天津对河北的经济辐射力	河北相对天津市场潜力
沧州	8.54*** (3.81)	-4.55*** (-5.69)	7.62*** (2.89)	-4.02*** (-3.01)
廊坊	7.97*** (2.90)	-4.57*** (-5.42)	6.08** (2.06)	-3.67*** (-2.63)
衡水	1.36*** (1.06)	-0.78* (-1.82)	1.28 (1.24)	-0.74 (-1.14)

表5-6主要基于经济辐射影响力和市场潜力两大因素分析出京津两市对河北省区域经济的发展影响。通过表5-6的数据，可以得到以下结论：

1. 在经济辐射力效应方面

（1）北京对河北省各城市的经济辐射效应。

第一，北京对河北省主要城市经济发展影响模型中，首先给出了北京对河北各城市的经济辐射力弹性，根据实证结果显示，除张家口没有通过显著性检验外，其余十个城市均通过1%或5%的显著性检验。

第二，就弹性系数来看，北京对11个城市的经济辐射弹性系数值均为正数，表明北京对河北省各城市的经济辐射力对促进其各城市经济发展水平的提升具有推动作用。以石家庄为例，北京对石家庄的辐射弹性系数为3.44，意味着北京对石家庄的经济辐射力每增加1个百分点，石家庄的经济增长水平就会增加3.44个百分点，足以证实北京对石家庄经济辐射的推动作用。

第三，弹性系数大小的差异表明北京对河北省各城市所产生的经济辐射力效应有所不同。从弹性系数所反映的经济辐射力效应而言，北京对河北省具有较强的经济辐射力，并且这种经济辐射力能够推进河北省经济发展是无可争议的。

（2）天津对河北省各城市的经济辐射效应。

第一，天津对河北省各城市的经济辐射力效应方面，石家庄、唐山、邯郸、保定、张家口和衡水等6个城市均未通过显著性检验，这表明尽管天津市在第二产业方面能够对河北产生经济辐射效应，但是对这 6 个城市的经济辐射效应并不明显。

第二，秦皇岛、邢台、承德、沧州和廊坊 5 个城市通过 1% 或 5% 的显著性检验，且方向均为正，意味着天津对河北这 5 个城市的经济辐射力每增加一个百分点，这五个城市的经济增长会分别增加 6.80、3.07、6.43、7.62 和 6.08 个百分点。

和北京相比，天津对河北省的经济辐射效应较小。

2. 在市场潜力效应方面

（1）河北省各城市相对于北京所具备的市场潜力效应。

第一，河北省各城市相对于北京所具备的市场潜力效应方面，除了石家庄、张家口没有通过显著性检验外，其余的 9 个城市均通过 1% 或 5% 的显著性检验，这说明这 9 个城市相对于北京的市场潜力会对其经济增长产生影响。

第二，河北省各城市相对于北京所具备的市场潜力效应均为负值，没有正值，这说明河北省 11 个城市在面对来自北京的经济辐射时，市场发育水平还不完善，市场潜力对于经济增长不会产生正影响，反而会降低经济增长的正效应。

（2）河北省各城市相对于天津所具备的市场潜力效应。

第一，河北省各城市相对于天津所具备的市场潜力效应方面，石家庄、唐山、邯郸、保定、张家口和衡水等 6 个城市均未通过显著性检验，秦皇岛、邢台、承德、沧州和廊坊等 5 个城市通过了 1% 或 5% 的显著性检验，这说明这五个城市相对于天津的市场潜力会对其经济增长产生影响。

第二，河北省通过显著性检验的五个城市相对于天津所具备的市场潜力效应均为负值，没有正值，这说明河北省 5 个城市在面对来自天津的经济辐射时，市场发育水平也不完善，市场潜力对于经济增长不会产生正影响，反而会降低经济增长的正效应。

从河北省各城市相对于北京、天津的市场潜力弹性的结论来看，通过显著性检验的城市中市场潜力弹性几乎都为负值，这说明河北省诸多城市的市场发育水平还不是十分完备，这样就会消耗一部分经济增长的效应来完成对北京、天津经济辐射力的承接，最终，会在一定程度上消耗掉来自京津经济辐射力所能带来的经济增长正效应。

3. 在有效辐射效应方面

进一步选择表 5-6 中经济辐射力和市场潜力这两种力量的经济发展效应均为显著的结果，排除掉市场潜力经济增长的负效应，加总北京和天津对河北省通过显著性检验的各城市的经济辐射力弹性和市场潜力弹性，得到北京和天津对河北省各城市的有效经济辐射力弹性，如表 5-7 所示。

表 5-7　　北京和天津对河北省经济增长的有效经济辐射力弹性（2013 年）

城市	北京对河北的有效辐射力弹性	排序	城市	天津对河北的有效辐射力弹性	排序
唐山	4.00	1			
秦皇岛	2.49	7	秦皇岛	4.00	1
邯郸	3.18	4			
邢台	1.39	8	邢台	1.55	5
保定	3.13	5			
承德	3.08	6	承德	3.42	2
沧州	3.99	2	沧州	3.40	3
廊坊	3.40	3	廊坊	2.41	4
衡水	0.58	9			

从表 5-7 所示的北京和天津对河北省经济增长的有效经济辐射力弹性数据，可以进一步得到以下结论：

第一，唐山、秦皇岛、邯郸、邢台、保定、承德、沧州、廊坊和衡水等 9 个城市在北京对其进行经济辐射（表现为北京对其经济辐射力）和其接受来自北京经济辐射（表现为市场潜力）相互交织作用的综合过程中能够切实提升自身的经济增长，这表现在北京对河北省这 9 个城市经济增长的有效经济辐射力弹性全部为正值。其中，北京对唐山的有效经济辐射力弹性最大，说明北京对唐山的经济增长正效应最大；其次是沧州、廊坊、邯郸、保定、承德；再次是秦皇岛、邢台；北京对衡水有效经济辐射力弹性最小。

第二，天津对河北省秦皇岛、邢台、承德、沧州、廊坊等 5 个城市经济增长的有效经济辐射力弹性较为显著。其中，天津对秦皇岛的有效经济辐射力弹性最大，说明天津对唐山的经济增长正效应最大；其次是承德和沧州；再次是廊坊；天津对邢台的有效经济辐射力弹性最小。

第三，北京和天津对秦皇岛、邢台、承德、沧州、廊坊等5个城市经济辐射会对其经济增长产生正向影响。

第四，比较北京和天津对河北省的有效辐射弹性，发现北京对廊坊和沧州的有效辐射弹性大于天津的这一数据，这说明北京对廊坊和沧州的辐射带动作用强于天津；天津对秦皇岛、邢台、承德的有效辐射弹性大于北京的这一数据，这说明天津对这三个城市的辐射带动的影响作用更为明显。

依据上述结论，我们提出了第一个策略要求：

北京和天津对河北省不同城市的经济辐射力，在各城市接受能力各异的条件下有所不同。因此，对于河北省来讲，应选择那些和北京、天津相契合、并且自身具有比较优势的产业进行承接，经济辐射和承接对接并不是随意的，并不是什么城市看到京津的产业转移，就一股脑的去承接，这样只会使城市的经济增长效应消耗更大，不利于协同中河北省的经济发展。根据现有发展情况来看，唐山、邯郸、保定、沧州、廊坊、衡水等6个城市应加强与北京的经济联系力，进一步充分发挥各城市的比较优势，借力北京进行区域经济发展；而秦皇岛、邢台和承德等3个城市应适度偏重加深与天津的经济联系力。

结合前文所分析的经济发展梯度来看，河北省城市综合实力排名在前列的除石家庄外，依次为唐山、廊坊、秦皇岛、保定、邯郸，同样在有效经济辐射力的作用下，这5个城市经济增长也获得明显效果；城市综合实力排名倒数三、四位的邢台和衡水，其经济发展正效应恰好也是较小的。这在一定程度上说明城市综合实力是影响河北省来自于京津的有效经济辐射力作用的重要因素。而对于省会石家庄而言，虽然其城市综合实力位于河北省第一位，但京津的有效经济辐射力对于其经济增长的影响并不显著，这可能是由于石家庄在现阶段更注重于对河北省内部发展水平较低城市的辐射带动。再详细结合城市综合得分的因子进行分析，唐山的工业因子优势最强，秦皇岛对外辐射因子最大，唐山、邯郸、秦皇岛、邢台、保定、承德的城市承载力因子较大，唐山、邯郸、邢台、保定、沧州、衡水的环境运行因子都是比较良好的，这说明工业发展、环境和城市化发展将提升唐山、秦皇岛、邯郸、邢台、保定、承德、沧州、廊坊、衡水等有效经济辐射弹性为正值的城市综合实力，从而增强有效辐射力对于这些城市经济增长的贡献。因此，在京津冀协同发展中，河北借力京津经济发展的第二个策略要求应是，从工业转型升级、资源配置、城市化质量和优化环境的角度提升城市综合实力。

结合前文所分析的产业梯度来看，北京市具有发展优势的产业是 12 个行业中除批发和零售业之外的所有 11 个行业，与借力北京有效经济辐射的增长效应相结合，北京的上述产业应多向唐山、秦皇岛、邯郸、邢台、保定、承德、沧州、廊坊、衡水等城市转移，结果是能够促进这些城市的经济增长。天津的发展优势产业重点集中在煤炭开采和洗选业、石油和天然气开采业、食品制造业、石油加工、炼焦及核燃料加工业、黑色金属冶炼和压延加工业、制造业等行业，与借力天津有效经济辐射的增长效应相结合，上述产业应考虑先向秦皇岛、邢台、承德、沧州、廊坊进行转移。因此，在京津冀协同发展中，河北借力京津经济发展的第三个策略要求应当是，河北省应依据自身优势，布局能够带来明显经济增长效应的城市来承接京津需要转出的产业，也就是说，要有针对性的接受，而不是盲目的所有城市都进行承接。这种承接方式的优势在于，转入产业提升了转入城市的经济增长效果，推动转入城市的经济发展，同时，也会形成对于转出地的良性回流，增加转出地的产业利润和地方税收，从而推进转出地的经济发展，进一步推进京津冀协同发展水平。

结合前文所分析的城镇层级来看，石家庄、唐山、保定、邯郸等 4 个城市是河北省的中心城市，其余 7 个城市可以作为河北省的外围城市。因此，唐山、保定和邯郸应更为积极地主动接受来自京津的经济辐射。而秦皇岛、邢台、承德、沧州、廊坊、衡水作为有效经济辐射的增长效应为正的城市，一方面要积极争取京津这两个省域外城市的经济辐射；另一方面还应积极争取石家庄、唐山、保定、邯郸等四个省域中心城市的经济辐射。具体来讲，唐山、邯郸、廊坊、保定、沧州、衡水应主动承接来自北京的辐射，而秦皇岛、邢台、承德应主动承接来自天津的辐射。因此，河北借力京津经济辐射影响发展经济的第四个策略要求应当是，注重河北省内各层级城市的分工和定位，有针对性的进行承接工作。

综合以上结论可以得出,京津冀协同发展进程中,河北省各城市借力京津的经济发展是一个具有多层次、复杂性的系统工程,应根据每个城市的禀赋、与京津的各种经济关联区别对待。京津对河北省具有有效经济辐射影响固然是河北省发展的良好推动力和重要契机,但能够接受多少辐射,并且将这种辐射切实转化为经济增长可持续的推动力,不形成浪费、确实提升有效经济辐射的可利用效率却大有可研究的价值。这就需要各城市因地制宜充分估计与北京和天津、与省内各城市之间的合作效应。如果与省内合作更适合发展,那么也没有必要一定牺牲现有利益去争取与京津的合作,从而谋求借力京津进行发展。因此,河北省借力京津发展经济的第五个策略要求应当是,因地制宜分析合作效应及供求匹配,合理构建能够接受京津外部和省域内部经济辐射的平台。

5.5 本章小结

本章在构建协同视角下河北省借力京津发展区域经济模型框架的基础之上,实证分析了河北省借力京津发展区域经济的实现效果。

首先,在分析京津对河北省的经济联系力方面,测算了京津对河北省11个城市断裂点的经济辐射圈域,并通过GIS将京津对河北省的辐射圈域范围表现出来。

其次,通过经济辐射力模型,测算出北京对河北省11个城市经济辐射力的大小,得出北京对周边的廊坊经济辐射力最强,其次是唐山和保定,这反映出廊坊、唐山、保定作为环首都经济圈的重要城市,在接受首都经济辐射和产业合作方面具有得天独厚的优势。北京对于张家口、石家庄的经济辐射力较强,反映出张家口作为北京的临近城市和北京水源的上游,与北京在产业合作、生态合作等方面具有潜在的优势。北京对石家庄的经济辐射力证明石家庄作为京津冀区域重要的次级中心城市具有较强的综合实力。北京对沧州、承德、秦皇岛、衡水4个城市经济辐射力明显不足。对邯郸和邢台的经济辐射力非常有限。天津对河北省11个城市的经济辐射力的表现为,天津对唐山、廊坊的经济辐射力最高,这反映了天津和唐山作为京津冀区域重要的工业城市，彼此间的经济联系较为密切，产业合作与互动的现实发展和未来潜力都很大。天津对沧州的经济辐射排在廊坊之后，这和沧州黄骅港的港口经济发展密不可分。天津对保定、石家庄、秦皇岛、张家口、衡水、承德6个城市的经济辐射力不大。天津对邯郸和邢台的经济辐射可以忽略不计。综合北京和天津对河北省11个城市经济辐射力的数据结果，可以看出：廊坊、唐山属于一个能级，接受的经济辐射相对较大，保定、石家庄、张家口、沧州、秦皇岛、承德、衡水基本上属于接受北京、天津经济辐射的第二个能级，北京和天津对邯郸和邢台的经济辐射都明显偏小；北京对河北省腹地城市的经济辐射影响力要大于天津，两大中心城市的经济辐射影响主要集中于临近的周围城市，对于较远距离的城市其经济辐射影响力则会较小；经济辐射力大小不仅和距离有关，而且还与城市自身的质量有关，其中交通状况的便利和通达性非常重要。

再次，对河北省11个城市面对外部城市北京和天津经济辐射影响时所具备的市场潜力进行分析发现：河北11个城市的市场潜力中，廊坊、唐山、保定、张家口、沧州、石家庄等6个城市在面对北京的经济辐射时，具有较强的市场能力和供应能力；秦皇岛、承德、衡水在承接北京经济辐射时，所具备的市场能力较弱；邢台和秦皇岛几乎没有承接的能力和空间。唐山、沧州、保定、石家庄等城市在面对天津的经济辐射时，具有较强的市场能力和较大的市场空间；秦皇岛、张家口、衡水、承德在承接天津经济辐射时，所具备的市场能力和供应能力较弱；邢台和邯郸几乎没有市场空间来进行承接。综合对比河北省11个城市相对于接受北京和天津经济辐射所具备的市场潜力得出，河北省的沿海城市在面对天津这一沿海城市的经济辐射时，具有较强的市场能力和市场空间；河北省内陆城市在承接北京经济辐射的市场能力和市场空间要大于天津；邢台和邯郸两个城市无论是相对北京还是天津，承接经济辐射的市场能力都很微弱。对承接经济辐射市场能力和空间较大的城市应该加大力度促进发展，顺畅产品销路，促进和京津对接的产业结构优化，使其最大程度接受来自北京、天津的经济辐射。

最后，建立实证模型分析在京津冀协同发展中，河北省将自身放在和京津平等的地位上，京津对河北省的经济辐射影响力和河北省具备的市场潜力会对河北省产生怎样的经济增长效应，结果表明：在经济辐射力效应方面，北京对通过显著性检验的河北省除张家口之外的各城市经济辐射弹性系数值均为正数，天津对通过显著性检验的河北省的秦皇岛、邢台、承德、沧州和廊坊等5城市经济辐射弹性系数值为正数，这表明北京和天津对河北省相应城市进行经济辐射时，对促进各城市经济发展水平的提升具有推动作用；在市场潜力效应方面：河北省各城市相对于北京所具备的市场潜力弹性方面，除没有通过显著性检验的石家庄、张家口外，9个城市相对于北京的市场潜力会对其经济增长产生影响，河北省各城市相对于天津所具备的市场潜力效应方面，通过显著性检验的秦皇岛、邢台、承德、沧州和廊坊等5个城市，相对于天津的市场潜力会对其经济增长产生影响。另外，通过显著性检验的城市中市场潜力弹性几乎都为负值，这说明河北省诸多城市的市场发育水平还不是十分完备，会消耗一部分经济增长的正效应来完成对北京、天津经济辐射力的承接。

本研究排除掉市场潜力经济增长的负效应这一干扰项，将北京和天津对河北省通过显著性检验的各城市经济辐射力弹性和市场潜力弹性进行加总，得到北京和天津对河北省的有效经济辐射弹性，北京对河北省的唐山、秦皇岛、邯郸、邢台、保定、承德、沧州、廊坊和衡水等9个城市经济增长的有效经济辐射力弹性全部为正值，其中，北京对唐山的有效经济辐射力弹性最大，其次是沧州、廊坊、邯郸、保定、承德；再次是秦皇岛、邢台；北京对衡水有效经济辐射力弹性最小。天津对秦皇岛的有效经济辐射力弹性最大，其次是承德和沧州；再次是廊坊；天津对邢台的有效经济辐射力弹性最小。相比而言，北京对廊坊和沧州的有效辐射带动作用强于天津；天津对秦皇岛、邢台、承德3个城市的有效辐射带动的影响作用更为明显。

依据上述结论，结合经济发展梯度、产业发展梯度、城镇层级等内在的基本要素，提出了在京津冀协同发展中河北省经济发展的5大策略要求：北京和天津对河北省不同城市的经济辐射力，在各城市接受能力各异的条件下有所不同；河北借力京津经济发展应从工业转型升级、资源配置、城市化质量提升和优化环境的角度提升城市综合实力；河北省借力京津经济发展应当是，依据自身优势有针对性的布局能够带来明显经济增长效应的城市来承接京津需要转出的产业；河北借力京津经济辐射影响的经济发展应当是注重河北省内各层级城市的分工和定位；河北省借力京津发展经济应当是因地制宜分析合作效应及供求匹配，合理构建能够接受京津外部和省域内部经济辐射的平台。

6 京津冀协同发展中的河北省经济策略

区域经济的高效发展须有完整的发展策略与之匹配。在京津冀协同发展中，如何制定出合理有效的经济发展策略，来促进河北省区域经济的大发展还应当是本文继续深化的研究内容。在京津冀协同发展中，在疏解北京非首都功能的条件下，对于河北省经济发展策略的制定，不但要从产业发展这一区域经济发展的中心板块来进行考虑，还应当合理规划城镇的发展空间，为产业发展提供基本载体，外加体制机制改革策略的保障，方能达到促进河北省区域经济发展的根本初衷。本章结合前文关于河北—京津冀经济发展梯度、产业发展梯度和城镇层级的基本现状，以及实证分析的北京和天津对河北省各城市经济辐射影响给其带来的经济增长效应的结论，从京津冀协同发展中的产业发展、城镇发展、体制机制建设等方面提出河北省区域发展的经济策略。

6.1 京津冀协同发展中的河北省区域经济发展总策略

6.1.1 京津冀协同发展规划纲要的区域功能定位

2015年8月颁布的《京津冀协同发展规划纲要》中，对于京津冀总体功能定位是：以首都为核心的世界级城市群、区域整体协同发展改革引领区、全国创新驱动经济增长新引擎、生态修复环境改善示范区。① 在总体功能定位下，对京津冀三地的功能也分别进行了定位：北京市是全国政治中心、文化中心、国际交往中心、科技创新中心；天津市是全国先进制造研发基地、北方国际航运核心区、金融创新运营示范区、改革开放先行区；河北省是全国现代商贸物流重要基地、产业转型升级试验区、新型城镇化与城乡统筹示范区、京津冀生态环境支撑区。②《京津冀协同发展规划纲要》对京津冀三地功能的发展定位，事实上是要充分发挥出三地各自的发展优势，北京要继续大力发挥政治、文化、国际交流和科技创新的主要功能，非首都的经济功能逐渐向天津和河北转移；天津利用自身的制造、研发、航运、金融中心等优势着力发展经济，逐渐发展为我国北方的经济中心；而河北省应充分利用相对广阔的地域资源发展商贸物流，承接来自北京的商贸物流以及服务业的大幅转移，并接受京津的科技扩散和高新产业链条延伸，加快实现自身产业转型升级，同时，还需要做好环境建设，成为京津冀的生态屏障支撑。

6.1.2　京津冀协同发展中的河北省经济总策略

河北省融入协同发展的总策略，是依据国家《京津冀协同发展纲要》，在与京津取长补短的发展中，实施河北省的产业发展策略、城镇发展策略和体制机制改革策略。

河北省的产业发展策略，是要在认清与京津经济发展差距的基础上，积极借力京津产业的转移并进一步实现与京津的产业互动。由于京津的产业结构有重大的差别，河北借力京津的产业发展要有完全不同的策略。河北省借力北京的产业发展和产业互动重点在第三产业。北京在京津冀协同发展中，首先要疏解其非首都城市功能，转出第三产业主要是中低层次的服务业，因而北京对周边地区最大的辐射就是服务业的辐射，河北省应该充分利用这一机遇，承接和发展自身的商贸物流业和服务业。而河北省借力天津的产业发展和产业互动重点在第二产业。天津在国家《京津冀协同发展规划纲要》中

---

① 张东林. 廊坊将受益京津冀协同发展 [N]. 中国建设报，2015－08－26.
② 财经网. 领导小组解读：十点速读京津冀协同发展规划纲要 [EB/OL]. http：//economy. caijing. com. cn/20150824/3953083. shtml

要建设先进制造研发基地，就会将一般制造业向周边地区进行转移，河北省应该抓住这种转移机遇，承接天津一般制造业的工业转移，积极进行第二产业的转型升级。

河北省的城镇发展策略，是要在认清京津冀城镇层级关系的基础上，积极实现与京津的城镇建设互动。河北省应该按照将北京作为京津冀的一个核心，京津作为京津冀的两个中心城市的城市体系现状布局，重点发展石家庄、唐山、保定、邯郸等区域性中心城市，培育京津冀区域在河北省的节点城市，重点发展一批特色中心城镇，并对每一类城市进行功能定位，形成城镇层面的功能发展体系。在正确认识自身产业、城镇发展定位的基础上，深入剖析河北省各城市的发展优势与劣势，从发展优势中寻找和北京、天津协同度高的产业、城镇，进而进行优先发展。对于和京津协同度较低的城市，分别明确其实现协同发展的经济增长能力，积极发掘和创造条件使其融入协同发展的行列。

作为实现协同发展保障的体制机制改革策略，是要在认清河北省市场化程度现状的基础上，继续加快市场一体化体制机制建设，基础设施一体化体制机制建设，公共服务一体化体制机制建设，生态保护和环境改善一体化体制机制建设。其中，要格外注重四方面一体化建设的机制形成和政策功效，在机制体制上逐渐实现京津的一体化水平。

总之，河北省的经济总策略，总的目标是不断提高其经济发展水平，进而促进京津冀协同发展的能力，为实现国家纲要的总目标做出更大的贡献。

6.1.3 京津冀协同发展中的河北省区域经济空间结构变化

京津冀协同发展中，河北省为了更好的和京津融合并达到协同一致，必然会从产业发展、城镇发展、一体化体制机制建设等方面制定全面策略进行区域经济发展，这样，河北省的区域经济空间结构也将发生变化。未来河北省在京津冀协同发展中，在经济空间上将会分为几大重点部分进行发展：紧邻京津的保定和廊坊由于其区位优势和自身的发展基础，会承接北京的新兴服务业和区域性物流业，成为河北省产业结构更加优化的区域和技术的引领区；紧邻京津的张家口和承德，由于其生态屏障地位决定其将会成为利用京津巨大市场重点发展绿色农业和现代服务业的城市；冀中南的石家庄、邢台、邯郸、衡水等四个城市，由于和京津并未紧邻，应该利用自身的产业优势，继续突出各城市的主导产业，石家庄重点发展高新技术的先导产业，邯郸、邢台重点发展建材，邢台、衡水重点发展纺织、食品；沿海的秦皇岛、唐山和沧州等三个城市，由于其优越的港口地位，应该成为河北省甚至京津的重工业、海洋产业的重点发展地区，突出产业的外向型特征，并被建设成为河北省沿海对外开放的地区，紧密和京津的经济联系与合作。

河北省区域经济空间几大部分的发展，几乎每一部分都有一个河北省区域性中心城市，其次是河北省域的外围城市。区域性中心城市一方面利用京津的经济辐射与自身的接受能力进行发展；另一方面，利用自身的中心地位，带动周边的外围区城市进行发展。在京津冀协同发展中，未来河北省的几大重点发展部分会在产业领域中各有重点发展，积极实现区域的产业发展和经济空间的协同。

6.2 河北—京津产业协同关系定位与河北省产业发展策略

6.2.1 河北—京津产业协同发展的策略思想

京津冀协同发展规划纲要的基本思想是将北京、天津和河北省放在"一盘棋"下，让河北和北京、天津处于平等的地位上进行发展。遵循这一战略框架的思想，河北省与京津产业协同发展策略的思想应该是：一方面积极承接京津的产业辐射，充分发挥自身比较优势，弥补自身比较劣势，借力京津的产业辐射力，与京津在产业合作上取得迅速发展，以缩小和京津的产业发展差距；另一方面，河北省产业发展不能存在只依赖京津发展的想法，应该充分发挥其自身优势，积极加强自身产业发展，在一些例如装备制造业、医药产业等优势产业引进高科技，使得优势产业得到大力发展，甚至超越京津。

在上述产业策略思想的指导下，河北省在与京津产业协同发展中，主要考虑两种产业发展策略：梯度产业转移策略和反梯度产业转移策略。梯度产业转移策略是基于河北—京津产业发展梯度的现实基础上，对河北省具有和京津紧密衔接关系，且京津对河北省具有较强扩散的产业，河北省应积极进行承接，而且进行这些产业承接后，能与河北省自身产业较好的配合，形成较长的产业链条，从而加速河北省产业的发展。反梯度产业转移策略是指河北省应该结合自身优势，瞄准当前国际市场中先进技术含量高、市场发展前景较好的产业，在积极认清河北省自身主导产业、支柱产业优势的情况下，直接引进资金和先进技术，并逐渐消化和吸收掌握，培育一些战略新兴产业，优先发展高新技术产业，如高端装备和新材料、新能源、新兴信息、生物等产业，积极依靠自身基础发展光伏风电、生物制药、物联网、大数据等产业进行重点突破，有了这些产业作为支撑，河北省在某些产业上的发展甚至会超越京津，实现产业从低到高的逆向推移，成为技术的高梯度地区，实现河北省低梯度地区的跳跃式发展。河北省的反梯度推移策略并不排斥梯度推移策略，这两种策略可以并行实施，进而使河北省更好的融入与京津的产业发展，从而实现京津冀协同发展。

6.2.2　京津冀协同发展中河北省和京津的产业关系定位

《京津冀协同发展规划纲》中将河北省定位为"全国现代商贸物流重要基地、产业转型升级试验区、新型城镇化与城乡统筹示范区、京津冀生态环境支撑区"。河北省应在这一主体功能定位思想的指导下，对其产业发展进行具体定位，因为产业发展是区域经济发展的重要支撑。

综合前文的计算结果，按照京津对河北省 11 个经济主体的经济辐射力大小和河北省 11 个城市分别对京津的市场潜力，以及京津对河北省城市的有效辐射弹性，我们得到，京津是京津冀区域的中心城市，这两个城市是整个京津冀区域重要引擎。从产业状况分析可以得出，京津两个城市的产业发展水平相对于河北省 11 个经济主体要高出很多，其中，北京第三产业比重非常高，已经达到 76.85%，几乎接近发达国家水平，天津的工业和河北省也存在着产业梯度。因此，北京和天津在京津冀区域的产业分工上是处于产业的高端位置，是产业的辐射转移方。再具体结合河北省 11 个经济主体与京津的地理位置关系，我们将河北 11 个经济主体在产业上和京津的发展关系分为两大类：河北省与京津的紧密协同区、河北省与京津的非紧密协同区。其中，河北省与京津的紧密协同区包括廊坊、唐山、石家庄、保定、沧州、秦皇岛等 6 个城市，之所以将这 6 个城市划入与京津的紧密协同区，是由于廊坊、唐山、保定、沧州这 4 个城市和京津相邻，而石家庄是河北省的省会城市，在经济、政治、文化等层面的发展都占有优势，和京津的各项往来都很密切，秦皇岛虽然和北京、天津都没有相邻，但是作为京津冀地区重要的港口城市，和天津的发展关系较为密切，和北京也处于京唐秦的发展轴上；河北省与京津的非紧密协同区包括张家口、承德、邯郸、邢台、衡水等 5 个城市，其中，张家口、承德处于京津的西北部，承担着京津冀区域生态屏障的功能，和京津的产业协同只能定位在生态产业合作方面；邯郸、邢台、衡水由于接受北京和天津的京津辐射力较小，市场潜力也较小，因此，可以认为是与京津产业合作的外围支撑区。

6.2.3　与京津紧密协同区的产业发展策略

我们把河北省的廊坊、唐山、石家庄、保定、沧州、秦皇岛等 6 个城市定位为与京津的紧密协同区，具体来说，河北省的这几个城市应该在产业方面借力京津的经济辐射力，进而和京津进行更好的产业互动。

1. 与北京的产业对接

结合前文的分析，除石家庄外，北京对其余 5 个城市的有效辐射弹性都为正值，表明这 5 个城市在承接北京的产业辐射时能够获得经济增长效应，其中当北京对唐山经济辐射增加 1 个百分点，将会给唐山带来 4 个百分点的经济增长，依次能给沧州、廊坊、保定、和秦皇岛带来 3.99、3.4、3.13、2.39 个百分点的经济增长。因此，这几个城市能够也需要借力北京疏解非首都功能的机遇承接北京的产业转移。

廊坊、唐山、石家庄、保定、沧州、秦皇岛 6 个城市在和北京的产业协作方面应该充分发挥区位优势，根据自身的优势产业承接来自北京的经济辐射和产业转移。就具体产业而言，北京主要发展新兴服务业、高新技术产业，尤其是北京的第三产业非常发达。第四章的分析中，北京的新兴服务业的因子得分非常高，这也说明了北京会利用首都功能进一步发展现代新兴服务业。而且京津冀协同发展中将北京的功能主要确定为全国政治中心、文化中心、国际交往中心和科技创新中心，在强化这些功能的基础上，北京就需要将一般性的产业向周边地区辐射转移。

结合前文的区位商、比较劳动生产率和产业梯度系数分析发现，北京第三产业中除了批发零售业的11个行业的产业梯度系数，都呈现了大于1的状况，因此，具有转移的可能。北京向周边地区进行转移的产业大致上可以分为以下几类：

第一类是第三产业中的区域性物流基地和区域性专业市场。第三产业中住宿和餐饮业、租赁和商务服务业等大多数行业都离不开区域性物流基地，北京物流基地除了占地面积还需要有发达的交通，但是随着北京城市的发展，交通堵塞问题日益严重，因此，继续发展区域物流基地已经不适应目前北京的城市发展需要；区域性专业市场涉及人口多，对交通条件的要求也较高，也会造成北京城市的拥挤，已经不适宜放在北京城市中发展。基于此，河北省与北京的紧密协同区的城市是较好的产业转移地。唐山、沧州、秦皇岛由于是港口城市，具备承接北京生产性服务业商贸物流的条件，石家庄因为是河北省的省会，又是京津冀区域性中心城市，同样也具备承接北京生产性服务业商贸物流的条件，因此，北京的区域性物流基地可以向唐山、沧州、秦皇岛、石家庄等城市进行转移，凭借这四个城市较好的区位优势，可以将其发展成为北京周边的区域性仓储物流中心和交易市场；廊坊、保定和北京的距离最近，又处在京保廊的增长极上，应该积极承接北京的区域性专业市场的转出，从而与北京共同打造京保、京廊核心区，先借力后实现率先联动发展。

第二类是第三产业中教育、医疗、培训机构等社会公共服务业。根据前文的区位商、比较劳动生产率和产业梯度系数分析，北京的教育、卫生和社保以及社会福利等社会公共服务业的上述指标基本都大于1，这些行业在北京也基本趋于饱和，而这些社会公共服务业在北京人多、占地多，对北京形成了很大的人口压力，急需要转出以疏解北京城市的压力。基于此，河北省与北京的紧密协同区城市是较好的产业转移地。廊坊、保定、石家庄是承接这一类产业转移的最好选择。廊坊距离北京有四十分钟的车程，区位优势使其最合适承接北京的教育、医疗、培训机构等社会公共服务业，近年来北京将很多高校的分校区设立在廊坊，就是很好的体现。保定与北京紧邻，和廊坊一样具有得天独厚的区位优势，而且保定在承接北京的转移时市场潜力较大，也具有良好的基础设施和公共服务水平。石家庄是河北省的省会城市，无论是经济、政治等都具有发展优势，虽然和北京并没有紧邻，但是凭借其省会地位和北京的交往非常频繁，而且石家庄的基础设施和公共服务水平相对于其他城市而言较高，具备承接北京教育、医疗、培训机构等社会公共服务业的能力。

第三类是第三产业中行政性、事业性服务机构和企业总部。北京的第三产业中行政性、事业性服务机构和企业总部也需要向周边地区进行转移，而这两大类行业具有和教育、医疗、培训机构等社会公共服务业相类似的特点，因此，也适合与向河北省的廊坊、保定、石家庄进行转移。

当然，除了急需要向周边转移的上述三类第三产业，交通运输仓储和邮政业、信息传输和软件及信息技术服务业等行业也需要向周边地区转移，但这还需要一个循序渐进的过程。

此外，廊坊、唐山、石家庄、保定、沧州、秦皇岛等 6 个城市所形成的与北京的紧密产业协同区，相对北京而言，具有地域广阔、要素廉价的优势，有能力承接北京第三产业的转移。当然，紧密产业协同区的 6 个城市应该在公共基础社会和公共服务水平上下大力气改善，从而提高承接北京部分社会公共服务业的能力。

2. 与天津的产业对接

结合前文的天津对河北省各城市有效辐射弹性的计算结论，除石家庄、唐山、保定外，天津对秦皇岛、沧州、廊坊等三个城市的有效辐射弹性都为正值，表明这 3 个城市在承接天津的产业辐射时能够获得经济增长效应，其中当天津对秦皇岛经济辐射增加 1 个百分点，将会给秦皇岛带来 4 个百分点的经济增长，依次能给沧州、廊坊带来 3.4、2.41 个百分点的经济增长。因此，这三个城市能够也需要借力天津的产业转移进行发展。

河北省廊坊、沧州、秦皇岛等 3 个城市在和天津的产业协作方面主要体现在工业方面。《京津冀协同发展规划纲要》中将天津市定位为全国先进制造研发基地、北方国际航运核心区、金融创新运营示范区、改革开放先行区，在这一功能地位的思想下，天津工业未来的发展方向是航空航天、新一代信息技术、生物技术与健康、高端装备制造业等战略性新兴产业，并成为重要的科技成果转化基地。就前文分析规模以上工业企业 37 个工业行业而言，其中 21 个行业属于优势产业。为了将重点放在战略性新兴产业，并建设科技成果转化基地。天津会逐步将石油天然气开采业、通用和专用设备制造等一般制造业、装备制造业逐步有序的向周边进行转移。而河北省应该紧密结合自身的优势产业，积极承接天津向外转移的一般制造业、装备制造业及与这些产业相关的中间环节，为天津优势行业的转移做好配套的服务。例如，廊坊的木材加工、家具制造业，沧州的皮革加工、金属制造业等都具备承接天津工业产业的转移条件。具体而言，沧州在装备制造业方面具有聚集效应，也有着较为雄厚的发展基础，具备承接天津现代装备制造业的基础和优势。廊坊在汽车制造业、电子制造业上具有发展优势和发展潜力。石家庄、唐山、保定虽然在现阶段对于来自天津的产业辐射无法吸收为正向的经济增长效应，但是唐山在装备制造业方面的聚集效应及雄厚的发展基础，也具备承接天津现代装备制造业的基础和优势；石家庄虽然在现阶段对于来自天津的产业辐射无法吸收为正向的经济增长效应，但作为中国的药都在医药制造业方面更具有长期的优势和发展潜力，有能力承接天津医药制造业的转移；保定在汽车制造业、电子制造业上具有一定的发展优势和发展潜力。

在工业发展过程中，必须提到河北的钢铁、建材、石化等重工业行业，其中唐山长期以来是京津冀区域主要的工业城市，存在较多的钢铁、冶金、化工和建材等重工业企业，重工业基础十分雄厚，曹妃甸作为北方最大的天然优良港，是首钢的载体。秦皇岛也具备较为完备的工业体系，钢材、建材、汽配等工业以及依托港口优势的港口运输业发展较快。沧州的石油化工、管道装备及冶金、机械制造等工业发展较为迅速，已经成为北方重要的石油化工基地。这些行业工业产业都属于高耗能、高耗水、高污染的企业，其比重高不利于河北省经济的可持续性发展。而要加强京津冀地区和这些城市工业的合作对接，必须降低区域产业的高耗能、高耗水、高污染状态，必须大力实施产业结构调整和优化产业结构升级，走高效集约发展模式，形成资源共享、分工合作的共赢格局。

基于以上分析，与京津紧密协同区的河北省上述6个城市，在与京津产业协作中应该抓住京津产业转移的良机，应势而上加强自身优势，借助产业基础优势，通过有序、有效的生产要素的合理转移，促进和京津紧密协同区在工业经济的进一步发展。

当然，河北省在与京津紧密协同区产业发展中，一方面有序承接京津的部分第三、第二产业的梯度转移，与河北省自身产业较好的配合，形成较长的产业链条；另一方面，河北省可以结合自身优势培育物联网、大数据、高端高科技等产业，实现产业从低到高的逆向推移，成为技术的高梯度地区，实现河北省低梯度地区的跳跃式发展。

6.2.4　与京津非紧密协同区的产业发展策略

河北省与京津的非紧密协同区包括张家口、承德、邯郸、邢台、衡水等5个城市，其中，张家口、承德主要处于京津的西北部，承担着京津冀区域生态屏障的功能，和京津的产业协同只能定位在生态产业合作方面；邯郸、邢台、衡水由于接受北京和天津的京津辐射力较小，市场潜力也较小，因此，可以认为是与京津产业协同的外围支撑区。

1. 与京津生态协同区的产业发展

京津冀协同发展的关键还在于应注重区域内生态和环境的发展状况，能够在环境保护的基础上节约投入和成本消耗，从绿色发展的层面提升和优化经济发展质量，具有生态产业优势的城市应充分发展生态合作产业区，有利于支撑该城市和其他中心城市更好地接收来自域内和域外的辐射，提升综合辐射效率。

依据区位特征，张家口、承德两个城市环京津，地理位置上处于京津的上风上水区域，是京津的自然生态屏障。长期以来，两个城市在京津冀区域的生态地位比经济地位重要得多，和京津在生态环境方面有着极其密切的联系，其生态环境状况直接关系着京津的水源和生态环境安全。因此，张家口和承德在工业行业的发展方面空间较为狭小，只能考虑发展和京津错位的绿色环保和现代农业、旅游、健康休闲等有利于生态环境的产业。所以，我们将张家口、承德和京津的关系界定为生态产业协同区，立足自身特色进行产业发展。

张家口近年来发展状况向好，依据实证分析结果，北京和天津对张家口的有效辐射弹性都没有通过显著性检验，这意味着张家口产业应该立足生态特点进行发展。北京和天津对承德的有效辐射弹性表明，北京和天津对承德增加 1 个百分点的经济辐射力，承德的经济会增长 3.08、3.42 个百分点，但是即便如此，由于承德的经济基础弱，因此，承德的发展还必须依靠自身实力的增强。基于此，在未来经济发展过程中，张家口、承德地区要摒弃被动服务北京的思维模式，要从自身经济社会发展的角度出发，科学确定两个城市在京津冀协同发展中的功能定位和职能分工，平衡生态环境保护与经济发展之间的利益关系，牢牢把握京津冀协同发展的机遇，变被动接受为主动出击，加快基础设施建设步伐，打造张承与京津地区良性互动的经济社会发展状态。张家口、承德地区主要是借力京津的巨大的市场发展现代农业、旅游、健康休闲等服务业。

（1）与京津生态协同区的现代农业发展模式。

张家口和承德丰富的农业、畜牧业资源具备了发展现代农业的现实基础。同时，北京市和天津市两个千万级人口的大城市为张承地区的农业生产提供巨大的消费场所。在京津冀协同发展进程中，张家口应抓住这一优势，大力发展特色农业、畜牧业，建设农副产品和食品加工供应基地，将其发展成为北京日常农副食品和肉制品最佳供应基地；承德可以利用良好的生态环境大力发展无污染的绿色农副产品供应。在发展现代农业进程中，应加强张家口、承德两个城市与京津的农业合作，强化与京津的农业科研院所和高科技企业的技术合作，引进京津中高端技术人才，加强与京津农业信息互通互传，从而打造区域性的农业增长点。

（2）与京津生态协同区的旅游、健康休闲等服务业发展模式。

张家口和承德地区旅游资源多种多样，北京和张家口共同举办冬季奥运将会进一步提升其基础设施建设水平，张家口可以以此为发展契机，推进旅游产业、文化产业和体育产业等三业融合互动发展，把握京津冀协同发展的有利时机，加快北京文化产业基地项目的引进，将文化创意产业和文化旅游产业作为引进的重要领域，主要吸引文化旅游相关机构和企业在张家口市建设培训机构、会展中心、旅游景区、娱乐园区等大型基地，全力推进高端休闲娱乐产业的发展。针对北京医疗卫生资源发展空间不足和健康养老产业需求旺盛等情况，张家口市可以与北京市的政府、企事业单位、民间团体开展深入合作，大力开发医疗康复业、社会化养老服务业及其配套产业，积极推进医疗与养老融合发展，加快打造温泉健康养生、生态休闲度假为主题的健康养老产业。承德应立足自身优势，深入挖掘"山、水、林、文、风、光"等资源优势，坚持走"特色化、差异化、增量调整"的发展道路，把京津的服务需求优势变成承德的服务产业优势，重点做好生态服务、农副产品供应、文化旅游、"大健康"产业、大数据、文化创意、电子商务、现代物流等方面工作。

从以上分析可以看出，与京津生态协同区的张家口和承德在与京津进行产业合作时，在产业发展上必须符合绿色、环保、清洁水源的要求，产业承接必须要和环境生态保护相结合，利用紧邻京津的优势，结合自身发展要求和特点发展文化旅游、休闲养生、养老医疗等新兴服务业，以及绿色农产品和生态农产品业，目标是把张家口、承德建设成为京津的绿色产业发展集聚区。

2. 与京津外围支撑区的产业发展

依据实证结果，北京对衡水、邯郸、邢台的有效辐射弹性为正值，这表明北京对这3个城市每增加1个百分点的经济辐射力力，它们的经济会增长0.58、3.18、1.39个百分点；天津对邢台的有效辐射弹性为正值，这表明天津对邢台每增加1个百分点的经济辐射力，邢台的经济会增长1.55个百分点。但是即便如此，综合各种因素，我们将衡水、邯郸、邢台3个城市划分为与京津非紧密协同区的外围支撑区，其产业发展可以作为河北借力京津经济发展的产业支撑。

衡水、邯郸、邢台属于冀中南地区，这3个城市和京津的联系不及紧密产业合作区，也不及张承生态产业合作区的定位准确。但是，这3个城市劳动力成本相对京津而言较为低廉，其产业发展一方面可以作为京津产业转移的纵深地带，另一方面，不能依赖京津对其经济辐射，而应根据自身产业特点，立足河北省寻求和京津的产业错位发展出路。

在京津冀协同发展的城市定位中，邯郸是区域性的中心城市，邯郸的产业中第二产业比重高，尤其是钢铁产业是城市发展的支柱产业，钢铁产业的高污染、高能耗和产能过剩使邯郸的第二产业发展面临一定的发展困境。在推进京津冀产业功能错位发展过程中，邯郸应找准现有产业结构单一和部分产业产能过剩的突出问题，对邯郸市的产业结构进行优化调整，将产业发展质量和效益的提升作为产业结构调整的重点，充分利用北京和天津的产业领域宽和产业链条长的特点，推进邯郸优化产业结构，化解过剩产能，破除产业发展困境。另外，还要注重三次产业的结构优化，加大对京津地区的推广和宣传力度，大力发展旅游文化产业。

邢台应促进装备制造业发展，加快汽车、新能源和节能环保产业的培育发展，推进精细化工产业、打造先进制造业基地，促进邢台的工业竞争力。在京津冀协同发展的大背景下，邢台应基于其产业发展基础条件，推进装备制造业等产业集群的发展，加强特色产业竞争力。邢台也应发展休闲旅游基地和特色旅游景区的基础设施建设，建设太行山脉重要的生态观光休闲度假基地。

京津对衡水的经济辐射力和衡水的市场潜力都较小，但是京津对衡水的有效弹性辐射为正值，虽然这一正值较小，但也能说明衡水可以与京津产业进行对接。基于产业发展现实，衡水应将旅游业、农产品加工业等与京津错位产业作为发展重点，和京津旅游进行对接，利用京津巨大的旅游市场进行发展。

当然，河北省在与京津非紧密协同区产业发展中，一方面做好和京津的产业互补合作发展，另一方面，更应该把重点放在结合自身优势培育高端、高科技等产业，实现产业从低到高的逆向推移，成为技术的高梯度地区，实现河北省低梯度地区的跳跃式发展。

6.2.5 京津冀协同发展中河北省产业发展的措施

无论对于河北省与京津产业紧密协同区，还是非紧密协同区，都应该制定相应的措施进行产业发展，对于与京津产业紧密协同区以下具体措施都适用；对于与京津产业非紧密协同区，后两点措施适用：

（1）积极和京津对接，加快产业转型升级。在推进和京津产业对接过程中，河北省要做到积极主动，充分抓住北京和天津的产业领域宽和产业链条长的特点，承接京津技术层次高的产业，淘汰自身技术低、高污染、高能耗、高排放的低技术层次产业，推进河北省相关产业的整合重组，利用京津转移来的高技术层级的产业化解过剩产业，推进产业结构中的中高端化生产，将产业转型升级作为重点，利用与京津协同发展中的创新因素，推动产业发展从依靠要素驱动转向依靠创新驱动，从而提升产业的整体竞争力。

（2）搭建产业对接平台，推进产业衔接配套一体化。在与京津产业对接过程中，河北省应该把握京津产业功能转移的有利时机，制定承接京津产业外迁的双赢体制机制，对接城市应该推进各类对接园区建设，创新对接园区的管理模式，为对接京津的产业转移提供优质的平台。配套设施的建设也是非常重要的一个方面，因此，河北省应该完善承接京津产业转移的配套设施，从而为对接京津产业转移提供有力的基础保障。

（3）积极引进京津的先进科技资源为河北产业发展所用，进一步增强河北自身的创新能力。京津的科技优势非常明显，北京甚至是全国的科技创新中心，加之，京津两个城市集中着大量的高等院校和科研院所，以及大量的科技创新示范园区，这些科技资源的外溢效应都能为河北省的产业发展发挥积极的作用，因此，河北省应该制定强有力的政策积极建设和京津合作的产业技术研发基地、产业转型升级实验区，也可以谋划和京津在河北省内建设科技园区、技术交易市场，实施一些重大科技专项，设立科技成果转化基金，使得河北省引进的京津先进技术和本省的产业化发展形成一体化的创新链条，从而使河北省能借助自身与京津的区位优势，成为京津科技资源扩散转移的最优选择和最为集中的地区。

（4）积极引进京津的人才，进一步加强河北的人才队伍建设，为河北产业发展提供基础支撑。京津是人才的集聚地，这些人才如果能够引进河北，能为河北的产业转型升级提供强有力的支撑。因此，河北省应该下大力气实施人才引进计划，重点引进能推动科技成果转化的高层次专家、能带动新兴产业发展的高水平人才和创新团队，从而加快人力资源的利用效果，也可以和京津建立人才的共同培养机制，建设京津来河北的人才基地，健全与京津的人才合作机制，为河北省产业的创新发展提供基础支撑。

6.3 河北—京津城镇协同发展与河北省城镇发展策略

6.3.1 京津冀城镇协同发展的基本要求

京津冀城镇的发展中一直存在着分工定位模糊的问题,这是因为,天津和北京两个城市之间的距离只有130公里,在世界上也很少有两个超大城市距离如此之近的例子。正因为如此,京津两大城市的部分功能交叉,存在一定程度的同质竞争。长期以来,北京和天津的功能一直处于模糊状态,两大城市都在追求京津冀甚至是全国北方经济中心的地位,影响到河北省的功能定位也处于模糊不清的状态,三地处于地域分工不明确的状态,从而导致合作不能真正运行。尽管一直在提京津冀区域一体化的理念,三地应该有所分工,并在产业上形成互补态势,但是,实质上京津冀三地的城市间合作关系比较淡弱。

《京津冀协同发展规划纲要》明确了京津冀三地的具体功能定位:北京为全国政治中心、文化中心、国际交往中心和科技创新中心;天津为全国先进制造研发基地、北方国际航运中心区、金融创新运营示范区和改革先行示范区;河北为全国现代商贸物流重要基地、产业转型升级试验区、新型城镇化与城乡统筹示范区、京津冀生态环境支撑区[①]。明确京津冀区域的功能定位,为京津冀三地的发展指明了方向和重点,尤其是对于河北省的发展具有重要意义,由于河北省处于京津的腹地位置,确定功能定位后,可以在京津明确的功能定位前提下发挥自身优势借力京津进行发展,最终形成京津冀的良性互动。

面对京津冀协同发展的国家战略,面对京津冀三地确定的功能定位,结合前文分析的京津冀城市层级分析,我们认为河北省要取得区域经济长足发

---

① 领导小组解读:十点速读京津冀协同发展规划纲要. 财经网 [EB/OL]. http://economy.caijing.com.cn/20150824/3953083.shtml

展，应实施以下的城市发展策略。

6.3.2 重点发展和京津接档的区域性中心城市

京津冀区域，首先北京是一个大的"极核"，北京和天津又是两个大的中心城市，这两大中心城市为巨型城市，其次，前文确定的河北省的区域性中心城市石家庄、唐山、保定和邯郸，其中，石家庄和唐山是大型城市，保定和邯郸也刚跻身大城市行列，再次，七个中型设区城市，最后就是县级小城市。可以看出，巨型城市和大型城市之间出现了断层，从而城市发展格局形成了"大集中、小分散"的特征，这造成的最直接的后果就是城市职能雷同，彼此之间的协同联系性较为薄弱。而这种"小分散"的特征主要分布在河北省省域内。也就是说，京津两大中心城市过于庞大，而位于腹地河北省的城市过于弱小和分散，不同规模城市没有形成合理分工和分布布局，城市群规划结构存在明显断层。基于此，在城市发展方面，河北省应该下大力气将优势资源和优质要素集中到区域性中心城市，强化现有的石家庄、唐山、保定、邯郸区域性中心城市的发展，将其建设成为强区域性、强中心主导的特大型城市，以和京津两大城市接档。

（1）重点加强保定的发展，形成京津保三角区域的大首都中心区。京津冀区域，北京、天津、河北省的11个城市呈现不同的发展特征。北京这几年基本保持着现有的城市规模、控制城市人口增长，但是"大城市病"问题依然凸显，故而迫切需要向周边的强中心城市疏解部分城市功能；天津在完善城市空间布局的同时，也在适度控制城市过快发展。无论是北京还是天津，城市的功能都需要有序向外疏散，但是目前京津之外没有区域性的强中心城市来和京津接档，在京津冀城市发展的现有基础上，重点培育河北省的区域性中心城市就是最好的选择。从历史渊源看，保定是首都的南大门，曾长期承担京畿地区的行政管理和服务功能，与天津曾同属一个行政区域，渊源深厚；从区位条件看，保定市区距北京140公里、距天津150公里，具有绝对的区位优势；从产业发展来看，保定产业结构较为合理，新能源等战略性新兴产业和现代服务业发展势头较好；从交通基础看，保定拥有京广、京九、京昆和保津、廊涿五条城际大通道，交通十分便利；从生态发展看，保定拥有相对充足的水资源和白洋淀等众多注淀湿地；从发展空间看，保定地处山前平原，空间条件广阔。因此，保定有条件被打造成为京津冀区域的特大型强中心城市，从而成为承接部分首都的行政机构、事业单位和高等教育、科技研发、医疗健康等机构转移的城市。

（2）重点发展石家庄，推动石家庄成为京津冀区域的"第三增长极"。石家庄作为河北省会城市，在新规划的2206平方公里城市规划区范围内已形成了251万人口的中心城区，并进一步拓展了正定新区、空港新城等发展空间，初步构建了良好的城市发展格局。石家庄具有良好的产业基础，其重要性的战略新兴产业和先进制造业的发展呈现了很好的状态，综合交通基础设施较好，凭借其优势能够建设成为承接京津区域性物流中心城市，并有条件建设成为京津冀城市群南部区域的经济中心、科教文化中心、创新成果转化基地和综合交通枢纽，与邯郸、邢台、衡水形成冀中南城市群。因此，河北省应重点打造石家庄，推动石家庄成为京津冀区域的"第三增长极"，形成京津向南辐射的一翼。

（3）重点发展唐山，将唐山建设成为京津向东辐射的另一翼。目前唐山市区人口已达302万人，其产业基础实力雄厚，随着曹妃甸区的进一步建设，唐山有条件建成京津冀城市群的东部经济中心，加之其环渤海重要港口城市的地位和重要的新型工业化基地的地位，都使得唐山成为京津产业转移的第一选择城市，并且能够和天津滨海新区一起构建成为环渤海现代重化工基地、高端装备制造业基地。因此，河北省应重点打造唐山，将唐山建设成为京津向东辐射的另一翼，和石家庄一起成为京津冀城市群的重要两翼城市。

（4）重点发展邯郸，推动邯郸成为京津冀与中原经济协作区的纽带。邯郸是河北省的区域性中心城市，属于河北南部城市，北京对其有效辐射弹性为正值。邯郸最大的优势在于地处晋冀鲁豫四个省份的交界，其交通枢纽地位非常重要，因此，河北省应重点发展邯郸，将邯郸建设成为京津冀区域中重要的工业基地，为河北省和京津的协同发展提供重要的支撑，进而推动邯郸成为京津冀与中原经济协作区的纽带。

6.3.3　努力培育具备协同发展功能和集聚能力的多节点城市

前文分析了廊坊、秦皇岛、张家口、承德、沧州、衡水、邢台等7个城市为京津冀区域的三级中心城市，这7个城市是京津冀区域的中型城市，也是京津冀区域的节点城市。由于这些节点城市的城市发展实力都不强劲，因此，河北省应该因地制宜，根据每个节点城市的特点和优势进行重点发展和培育。

重点培育廊坊城市发展，建设京津廊城市发展轴。廊坊以其紧邻京津得天独厚的优势，成为承接京津城市功能的河北省重要节点城市，其建设的高新技术产业基地、战略性新兴产业制造基地、现代服务业基地和国家创新城市、生态宜居城市等都为承接京津部分功能提供了较为充足准备。廊坊和京津之间的交通非常发达，京津高速、京津城际铁路十分便利，因此，河北省应重点培育廊坊城市发展，进一步增强廊坊"京津走廊"的节点城市聚集、连接功能，以廊坊产业新城和北京新机场临空经济区、天津武清新城区建设为连片载体，使得廊坊和京津成为现代服务业密集带和都市休闲走廊，增强这一发展轴的辐射带动作用。

重点培育秦皇岛港口城市发展，为京唐秦发展轴提供有力支撑。秦皇岛位于京津冀协同发展中的京唐秦发展轴上，是一个重要的节点城市，应该依据其港口优势培育壮大装备制造业、区域性商贸物流业向轴带聚集，打造沟通华北与东北的物资运输大通道，秦皇岛还应被建设成为京津高新技术成果转化基地和高端服务业聚集区、蓝色经济发展先导区、国际滨海文化旅游名城，进一步发挥节点城市对周边城市的辐射和带动作用。

加快张家口、承德的京津生态涵养区建设。张家口、承德居于京津冀区域特殊的生态地位，因此，城市的发展应该确定在重点建设绿色制造业基地、清洁能源基地、生态产品供给基地、生态休闲观光和历史文化旅游目的地等方面。其中，打造绿色制造、文化旅游、健康养老等功能发展应该放在重中之重。

重点培育沧州港口城市发展，将沧州发展成为滨海型产业聚集区。沧州是京津冀区域重要的港口城市，也是河北省的区域性节点城市，沧州渤海新区的建设使得沧州的港口城市地位日趋重要。河北省应重点培育沧州作为港口城市的发展，将沧州建设成为能源原材料保障基地、北方物流集散中心、重要出海口和东南部经济增长极，和天津进行港口产业、经济的对接。

重点建设衡水城市发展，依据衡水自身优势，重点将衡水建设成为绿色农产品产业化基地、特色制造业基地、湿地生态旅游和休闲养老基地、滨湖园林城市。

重点建设邢台城市发展，提升邢台的节点城市功能，将邢台建设环保产业基地、科技成果转化基地、农副产品精深加工基地和先进制造业基地。

河北省培育廊坊、秦皇岛、张家口、承德、沧州、衡水、邢台等7个节点城市的发展，应该是以增强其支撑能力为重点，根据城市资源禀赋和比较优势，培育发展各具特色的城市产业体系，强化城市间专业化分工协作，增强功能衔接、优势互补能力，从而进一步提高节点城市要素集聚能力，综合承载力和服务能力，有序推动产业和人口的集聚，建设成为地方公共服务和产业中心，与京津城市发展更好的形成科学优化的层级发展关系。

6.3.4 积极扶持带动周边区域发展的特色小城镇

河北省城市要和京津协同发展，不仅需要发展区域性中心城市，节点城市，也需要发展一批特色城镇。这是因为，中心城市规模扩张、产业和人口的聚集必须与资源环境承载能力相适应。因此，应以京津冀协同发展为契机，重点发展一批特色城镇，从而带动周边县（市）资源。

前文我们对河北省22个县级市进行了中心性区域城镇的确定，确定了迁安、三河、任丘、武安、遵化、定州、涿州、霸州、辛集等9个县级市为中心性城镇。这些中心性城镇分别处于京津冀不同的发展轴上，可以带动周边经济的发展。在京石邯城镇发展轴上，以京港澳高速、京广铁路为依托，以石家庄都市区为中心，发挥保定、邯郸等区域性中心城市以及涿州、定州、武安等次中心城镇的聚集作用，积极引导现代制造业、新能源产业、区域性商贸物流业向轴带聚集，拓展产业园区空间，建设科技与人才服务基地；在京秦城镇发展轴上，以京沈高速公路为依托，以唐山都市区为中心，发挥秦皇岛港口城市和三河、迁安、遵化等中心城镇的聚集作用，加快产业升级改造，培育壮大装备制造业、区域性商贸物流业向轴带聚集，打造沟通华北与东北的物资运输大通道；在京九城镇发展轴上，以京九铁路、大广高速公路为依托，发挥衡水节点城市和霸州、任丘等次中心城镇的带动作用，加速形成新的城镇化发展载体，支持本地特色加工制造业发展，培育一批面向区域的商贸物流基地；石黄城镇发展轴上，以石黄高速为依托，以石家庄都市区为中心，发挥衡水、沧州等中心城市和辛集等中心城镇的聚集作用，打造东西向发展轴带，积极引导河北南部、山西南部和西北地区物资进出口向黄骅新城汇聚。

基于以上河北省特色城镇的发展潜力，河北省应鼓励有条件、有基础的小城镇进行重点发展，合理集中的为这些特色城镇发展布局公共服务设施。河北省的上述9个城镇区位优越，承载能力较强，发展条件较好，应该扶植其培育特色产业，整合产业园区，提升其基础设施水平和综合服务水平，促使小城镇的产业和城市均衡发展，从而推动小城镇和大城市的协调发展。

6.4 京津冀协同发展中的河北省体制机制改革策略

面对京津冀协同发展的国家战略，我们站在河北省视角，从产业发展、城镇发展等方面提出了河北省更好融入协同发展的策略，这些策略的实施需要相应的体制机制的保障。

6.4.1 京津冀协同发展中的一体化趋势

京津冀区域的合作问题，经历了很长的历程，从"十一五"提出的环渤海地区发展，到建设大北京，再到在廊坊召开的京津冀区域经济发展研讨会，到京津冀一体化的提出，中间很多次会议和战略框架的提出，经历了20年的时间，但是，京津冀合作问题的实质并未得到解决，京津冀地区和长三角、珠三角两大经济增长极相比，区域内合作的差距相对较大。京津冀的合作最终没有解决最重要的区域行政壁垒、区域分工协作的体制障碍，以及紧密三地经济联系的问题。事实上，由于京津冀三个没有达成共识，京津冀一体化一直都没有进入到实际操作过程中，只是停留在理论层面。

在此过程中，北京"城市病"问题凸显，迫切需要疏解首都的部分城市功能，解决北京城市资源承载力问题，而这一问题的解决，必然涉及京津冀区域的协作分工问题，于是国家提出京津冀协同发展战略，旨在先解决北京首都的城市功能转移问题，进而解决京津冀区域内部的发展问题，这些问题解决了，京津冀一体化的实现就不是仅仅停留在理论层面的问题。由于京津冀三地自然形成的网络化空间布局，和人、地、产业等紧密联系形成的社会、经济、文化的相互融合，还有路网、空网等交通基础设施的完善，以及三地发展巨大的市场潜力，这些都使得疏解北京首都部分城市功能的问题会得到解决，京津冀协同发展最终会由于这些问题的解决得到真正的落实。

京津冀协同发展和一体化发展相互交织在一起，可以说，京津冀协同发展是一体化的前期阶段，无论从区域经济理论上，还是从国际发展经验，区域经济一体化都是大趋势，因此，京津冀协同发展和一体化趋势并不冲突，相反，京津冀协同发展中自始至终都渗透着一体化趋势。京津冀协同发展中，必然要在市场、基础设施、公共服务、生态环境保护一体化等方面做好保障。

6.4.2 市场一体化体制机制建设策略

京津冀协同发展涉及河北省和北京、天津两个直辖市。北京是中国的首都，天津是北方经济中心，河北省是农业和工业大省，无论是资源禀赋还是初始条件，三个地区都有很大的差别。京津冀协同发展最大的瓶颈是北京、天津、河北三地并未形成统一的具有市场活力的区域性市场，生产要素不能在大区域内自由流动，优势互补不能充分体现，这都是由于市场规则并未充分发挥作用。因此，河北省在京津冀协同发展背景下，应进行市场一体化体制机制建设。

和京津共同建立区域性统一大市场。京津冀区域内，从市场的层次上看，北京和天津是大区级市场，那么河北省的市场有省域、市域、县域市场，河北省的这三级市场应该积极和京津的大区级市场形成紧密联系的统一大市场，在统一大市场内部形成资源的最优配置。

规范市场化的运作规则。河北应该和京津一起营造公平的市场竞争条件，并在市场准入和退出机制方面，确立统一的市场准入和退出规则，主动打破条块分割的市场壁垒，在市场竞争条件下，尽力使得河北的企业能被和北京、天津一视同仁的对待，形成有效的竞争和淘汰机制。

和京津共同建立健全、统一开放的要素市场。京津冀区域生产要素市场中，要素流动受到阻碍，尤其是北京对某些要素资源的垄断，使得部分要素价格扭曲，在某种程度上对腹地的河北省要素"吸虹效应"强烈。因此，河北省应加快和培育京津冀劳动、资本、土地、科技、人才等生产要素市场，促进统一市场内生产要素的跨区域的自由流动和公平交换，并为三地建立生产要素的交流交易平台和要素合理流动的交流交易平台，实现资源在统一市场中的最优配置。尤其是对于一些重要的要素市场，更应该加大开放平台建设：对于人力资源市场，应该破除人力资源市场地区、行政分割和省份歧视，反对就业歧视等；对于金融市场，应该建设和京津接轨的金融市场体系，提升市场竞争力；对于技术市场，应该加强建设引进京津先进技术的交易平台和技术转移机制。

6.4.3 基础设施一体化体制机制建设策略

基础设施建设是京津冀协同发展的重要保障。从京津冀协同发展来看，三地发挥各自优势进行互补必须建立在便捷的空间联系的基础上，完善的基础设施是京津冀协同发展中三地实现紧密空间联系的重要保障，因此，河北省一定要和京津建设一体化的基础设施。基础设施一体化包括交通基础设施一体化建设、信息网络基础设施一体化建设、保障水资源、能源基础设施一体化建设等。

推进和京津交通一体化机制体制建设，加强与京津交通合作。京津冀协同发展已经上升到国家战略。发达的交通网络是京津冀协同发展的必备条件，因为交通网络越发达，周边城市与中心城市的距离就会缩短，周边城市就可以充分借助中心城市促进经济增长。因此，河北省应和京津一起大力推进京津冀交通一体化，加快构建京津冀地区高效、便捷的互联互通综合交通运输网络，这就需要河北省做到：成立综合交通运输管理部门，统筹省内和京津铁路、公路、港口、航空等各种运输方式的规划与管理，制定和京津相应交通运输相一致的综合交通运输政策等，通过这些措施深化交通运输管理体制改革，提高交通治理现代化能力，更好的和京津交通基础设施进行衔接；河北省应该把科技创新和信息化与交通运输发展相结合，依靠科技创新和管理创新，提高交通运输服务水平和交通运输业效率，增强交通运输业和可持续发展能力，依靠通过物联网、云计算、大数据、互联网、物流信息平台等信息化手段引领交通运输现代化，建立和京津互联互通、协调统一的交通运输服务体系，依靠科技创新，提升运输服务水平；投融资建设是保障交通运输发展的基本要素，为保障河北省交通运输更好的与京津衔接，应进一步拓宽投融资渠道，继续推行投资主体多元化，鼓励民间资本以独资、控股、参股等方式投资建设公路、铁路、港口、航运等项目建设，多渠道筹集资金加快交通运输业发展，从而深化交通运输投融资体制改革，加快和京津交通运输的衔接和发展。

推进和京津信息网络一体化机制体制建设，加强与京津信息网络合作。京津冀协同发展中，信息网络化能促进资源配置的合理化。因此，河北省应该推进和京津信息网络一体化机制体制建设，加强与京津信息网络合作。这就需要河北省做到：加快推进河北和京津区域内的光纤宽带、4G、公共 Wi-fi 网络的三网融合，使得河北快速融合进京津冀信息网络一体化，形成超前的宽带网络发展格局；利用大数据、云服务、移动互联网等先进技术，建立河北和京津区域综合信息共享机制和平台，打造京津冀信息网络的智能型城市，值得注意的是，近年来以地理信息系统为主的城市群信息系统，从交通、通信、水电气管网等方面对城市群的社会、经济多种信息进行存储、查询，是一种先进的空间信息载体，可以作为河北和京津区域综合信息共享平台建设的有效工具。

基础设施一体化的机制体制不仅包括交通和信息化网络一体化的建设，还包括保障水资源、能源基础设施一体化建设等多个方面，这些都关系到京津冀能否真正协同发展，这里就不一一阐述了。

6.4.4 公共服务一体化体制机制建设策略

公共服务一体化体制机制建设是京津冀协同发展的重要内容之一，其实质就是公共服务的均等化。河北和京津的公共服务落差悬殊，因此，河北要加快公共服务的体制机制建设，让河北省和京津享有均等化的公共服务。

加强与京津公共服务的交流与合作，建立健全资源要素的优化配置和协作管理的社会公共事务管理体系；构建河北与京津之间优质资源的共建共享机制，从而提升基本公共服务均等化水平；改革基本公共服务的提供方式，引入竞争机制，建立政府、社会、民众共同参与的基本公共服务供给模式，推进非基本公共服务融资体制改革，放宽市场准入，鼓励社会资本以多种方式参与，从而创新公共服务融资和供给机制；完善公共财政体制，河北省和京津政府积极对接，使得财政倾斜于基层，倾斜于公共服务，河北省尽力和京津接洽，创新京津冀三地的公共财政联合的合作机制，逐步建立京津冀公共服务一体化的财政保障体系。

6.4.5 生态保护与环境改善一体化体制机制建设策略

京津冀区域正面临着环境污染严重，生态系统退化的严峻挑战，环境生态问题正在集中凸显，这也正威胁着京津冀区域的可持续发展，威胁京津冀协同发展，故而保护生态环境、加强生态环境建设已经成为京津冀区域迫切需要解决的重要问题之一。生态保护和环境改善并不是一个地区的问题，需要京津冀三地作为一个整体加以共同治理，所以，河北省和京津建立生态保护与环境改善的一体化体制机制建设显得尤为重要。

加强生态保护和环境改善，河北省应该以张家口、承德生态保护为突破口，尽最大努力打造京津冀生态涵养支撑区，完善生态保护体系；重点实施一些严重危及水环境等项目治理，例如推进海滦河流域的生态修复项目、北戴河及邻近区域海域综合治理、白洋淀、衡水湖综合治理和修复，加大土壤治理、山体保护和修复力度等，河北省的这些重点项目的实施为京津冀的整个生态环境提供良好的环境基础；生态环境保护体系和项目的推进需要体制机制的保障，因此河北省应该加强与京津在水资源保护、防护林建设和清洁能源使用等方面的深度合作，建立京津冀流域水资源补偿机制，把临时性补偿措施固化为符合市场原则的制度性安排；完善河北省和京津的森林、水生态效益补偿机制，建立重点生态公益林、一般生态公益林、商品林分类经营管理体制，探索建立流域水资源使用权转让制度，推行主要污染物排放权交易制度；建立健全生态保护与环境改善的法律法规，强化价格和税收的调节功能，形成有利于环境保护的利益导向机制。

6.5 本章小结

本章对于前文的实证分析给出相应的对策，并在此基础上进一步探讨了在京津冀协同发展中，河北省应该采取更好融入与京津协同发展的策略。具体来说，依据京津冀协同发展规划纲要对京津冀三地的功能定位，提出河北省需要在产业发展、城镇发展、体制机制建设等方面提出相应的策略：在产业策略方面，河北省与京津的紧密协同区应借助疏解北京的非首都功能这一机遇，积极承接北京的第三产业尤其是服务业的转移，河北省应利用天津要建设先进制造研发基地的战略，会将一般制造业等产业向周边地区进行转移的机遇，承接天津第二产业的转移，从而进行第二产业的转型升级。河北省与京津的非紧密协同区应立足自身优势，充分发展特色产业。无论是河北省在与京津紧密协同区还是非紧密协同区产业发展中，一方面或者有序承接京津的部分产业的梯度转移，或者发挥自身优势发展特色产业；另一方面，可以结合自身优势培育高科技等产业，实现产业从低到高的逆向推移，成为技术的高梯度地区，实现河北省低梯度地区的跳跃式发展。河北还应在产业对接、平台构建和产业升级、积极引进技术、人才等方面提供支撑；在城镇发展策略方面，河北省应该按照将北京作为京津冀的一个"极核"，京津作为京津冀的两个中心城市，重点将石家庄、唐山、保定、邯郸等城市发展成和京津接档的区域性特大型城市，努力培育具备协同发展功能和集聚能力的多节点城市，积极扶持带动周边区域发展的特色小城镇，并对每一类城市进行功能定位，进行城市层面的发展；在体制机制建设策略方面，提出了河北省应该在市场一体化体制机制建、基础设施一体化体制机制建设、公共服务一体化体制机制建设、生态保护和环境改善一体化体制机制建设等四个一体化的构建中实施相应系统性策略，从而促进河北省区域经济发展，更好的融入和京津的协同发展中。

7

研究结论与展望

7.1 研究结论

本研究主要采用实证分析法、比较分析法等研究方法,对京津冀协同发展中的河北省区域经济发展展开全方位研究,并提出了河北省更好融入与京津协同发展的经济策略,其主要结论为:

第一,京津冀协同发展中,北京和天津对河北省有经济辐射力,且这种经济辐射力对河北省的经济影响能够切实推进河北省经济增长,但是对河北各城市经济增长影响的效应不同。唐山、秦皇岛、邯郸、邢台、保定、承德、沧州、廊坊和衡水等9个城市在北京主动对其进行经济辐射(表现为北京对其经济辐射力)和其接收来自北京经济辐射(表现为市场潜力)相互交织作用的综合过程中能够切实提升自身的经济增长,这表现在北京对河北省这9个城市经济增长的有效经济辐射力弹性全部为正值。其中,北京对唐山的有效经济辐射力弹性最大,说明北京对唐山的经济增长正效应最大;其次是沧州、廊坊、邯郸、保定、承德;再次是秦皇岛、邢台;北京对衡水有效经济辐射力弹性最小。这说明北京对河北省这9个城市的经济辐射影响和9个城市在吸引北京经济辐射的相互交织作用的综合过程中,能够切实提升自身的经济增长。天津对河北省秦皇岛、邢台、承德、沧州、廊坊等5个城市经济增长的有效经济辐射力弹性较为显著。首先,天津对秦皇岛的有效经济辐射力弹性最大,说明天津对唐山的经济增长正效应最大;其次是承德和沧州;

172

再次是廊坊；天津对邢台的有效经济辐射力弹性最小。这说明在天津对河北省这五个城市的经济辐射影响和这5个城市在吸引天津经济辐射的相互交织作用的综合过程中，也能够提升自身的经济增长。比较北京和天津对河北省各经济主体的有效辐射弹性，发现北京对廊坊和沧州的有效辐射弹性大于天津的这一数据，这说明北京对廊坊和沧州的辐射带动作用强于天津；天津对秦皇岛、邢台、承德的有效辐射弹性大于北京的这一数据，这说明天津对这3个城市的辐射带动的影响作用更为明显。这一结论提出了在京津冀协同发展中，北京和天津对河北省不同城市的经济辐射力，在各城市接受能力各异的条件下会有所不同，因此，对于河北省来讲，应选择具有比较优势城市与北京或天津进行对接，对接的城市并非具有随意性。根据现有发展情况来看，唐山、邯郸、保定、沧州、廊坊、衡水应加强与北京的关联；而秦皇岛、邢台和承德应适度偏重加深与天津的联系。

第二，京津对河北省的经济影响程度与河北省城市经济梯度呈现正向分布。从经济发展梯度来看，河北省城市综合实力排名在前列的除石家庄外，依次为唐山、廊坊、秦皇岛、保定、邯郸，同样在有效经济辐射力的作用下，这5个城市经济增长也获得明显效应；城市综合实力排名倒数第三、第四位的邢台和衡水，其经济发展正效应恰好也是较小的。这从一定程度上说明城市综合实力是影响河北省来自于京津的有效经济辐射力作用的重要因素。而对于河北省省会石家庄而言，虽然其城市综合实力位于河北省第一位，但京津对其的经济辐射力对其经济增长的影响效应并不显著，这可能是由于石家庄在现阶段更注重于对河北省内部发展水平较低城市的辐射带动。结合城市综合得分的因子进行分析，唐山的工业因子优势最强，秦皇岛对外辐射因子最大，唐山、邯郸、秦皇岛、邢台、保定、承德的城市承载力因子较大，唐山、邯郸、邢台、保定、沧州、衡水的环境运行因子都是比较良好的，这说明工业发展、环境和城市化发展将提升唐山、秦皇岛、邯郸、邢台、保定、承德、沧州、廊坊、衡水等有效经济辐射弹性为正值的城市的综合实力，从而增强有效辐射力对于这些城市经济增长的贡献。这一结论提出了在京津冀协同发展中，河北省应该从工业转型升级、资源配置、城市化质量提升和优化环境的角度提升城市综合实力。

第三，京津对河北的经济影响存在产业差异，北京主要影响第三产业，天津主要影响第二产业。从产业梯度来看，北京市具有发展优势的产业是除批发和零售业之外的其他 11 个行业，与借力北京有效经济辐射的增长效应相结合，北京的上述产业应多向唐山、秦皇岛、邯郸、邢台、保定、承德、沧州、廊坊、衡水等城市转移，结果是能够促进这些城市的经济增长。天津的发展优势产业重点集中在煤炭开采和洗选业、石油和天然气开采业、食品制造业、石油加工、炼焦及核燃料加工业、黑色金属冶炼和压延加工业、制造业等行业，与借力天津有效经济辐射的增长效应相结合，上述产业应考虑先向秦皇岛、邢台、承德、沧州、廊坊进行转移。这一结论提出了在京津冀协同发展中，河北省应依据自身优势，布局能够带来明显经济增长效应的城市来承接京津需要转出的产业，也就是说，要有针对性的接受，而不是盲目的所有城市都进行承接。这种转移方式的优势在于，转入产业提升了转入城市的经济增长效果，推动转入城市的经济发展，同时，也会形成对于转出地的良性回流，增加转出地的产业利润和地方税收，从而推进转出地的经济发展，进一步推进京津冀协同发展水平。

  第四，京津对河北省的经济影响和河北省的自身特点，决定了河北省各地区借力京津与省内互动发展的城市功能定位和产业分工。从城镇梯度来看，石家庄、唐山、保定、邯郸等 4 个城市是河北省的中心城市，其余 7 个城市可以作为河北省的外围城市。因此，唐山、保定和邯郸应更为积极地主动接受来自京津的经济辐射，而秦皇岛、邢台、承德、沧州、廊坊、衡水作为有效经济辐射的增长效应为正的城市一方面要积极争取京津这两个省域外城市的经济辐射，另一方面还应积极争取石家庄、唐山、保定、邯郸等 4 个省域中心城市的经济辐射。具体来讲，唐山、邯郸、廊坊、保定、沧州、衡水应主动承接来自北京的辐射，而秦皇岛、邢台、承德应主动承接来自天津的辐射，这一结论更证明了在京津冀协同发展中，河北省应该注重内各层级城市的分工和定位，有针对性的进行承接工作。

  由此可见，京津冀协同发展进程中，河北省各城市借力京津的经济发展是一个具有多层次、复杂性的系统工程，应根据每个城市的禀赋、与京津的各种经济关联区别对待。京津对河北省具有有效经济辐射影响固然是河北省发展的良好推动力和重要契机，但能够接受多少辐射，并且将这种辐射切实转化为经济增长可持续的推动力，不形成浪费，确实提升有效经济辐射的可利用效率却大有可研究的价值。这就需要各城市因地制宜充分估计与北京和天津、与省内各城市之间的合作效应。如果与省内合作更适合发展，那么也没有必要一定牺牲现有利益去争取与京津的合作，从而谋求借力京津进行发展。这便提出河北省应当因地制宜分析合作效应及供求匹配，合理构建能够接受京津外部和省域内部经济辐射的平台。

第五，河北省必须与京津实现市场、基础设施、公共服务、生态环境保护的一体化体制机制建设。作为实现京津冀协同发展保障的体制机制改革策略，是要在认清河北省与京津一体化现状的基础上，继续加快市场一体化体制机制建设、基础设施一体化体制机制建设、公共服务一体化体制机制建设、生态保护和环境改善一体化体制机制建设。其中，要格外注重四方面一体化建设的机制形成和政策功效，在机制体制上逐渐实现与京津的一体化。

7.2 展　　望

本研究在综合运用实证分析法、比较分析法等研究方法基础之上，通过对京津冀协同发展中河北省区域经济发展展开系统性研究，并得出相应的结论，依据结论提出河北省经济发展的策略，在某种程度上有助于促进河北省区域经济的高效发展，当然在此仅起到抛砖引玉的作用。在未来的研究过程中，还将围绕以下内容展开探讨，以便在更深层次上促进河北省与北京、天津的协同联动发展。

（1）本研究只是选取河北与北京、天津近10年的数据资料来研讨此问题，由于受到变量较多、样本时期较长、大量数据获取性较弱等因素的影响，本书并没有选取河北省所有的147个县级经济主体作为样本进行实证分析。因此，未来的学术研究过程中将以大数据理念作支撑，以河北省所有的县域主体为研究样本，对京津冀协同发展中的河北省区域经济发展展开系统性研究。

（2）本研究因数据可获性原因，并没有对产业的经济发展效应作深入研究，在未来的研究中这将是一个主要的研究方向，使得在京津冀协同发展中北京和天津对河北省的产业转移更具有针对性。

（3）由于作者实践经验有限，且京津冀区域经济发展问题的解决主要涉及三省（市）四方问题，即中央政府置身于其中，问题复杂多样，不能完全借鉴国外经验，三省（市）四方矛盾的解决是河北省区域经济发展更好融入与京津协同发展的前提，本书所提出的解决策略尚处于摸索阶段。

随着京津冀区域越来越成为我国北方经济规模最大、最具活力的经济发展区，随着京津冀区域越来越引起世界的瞩目，京津冀协同发展将会得到具体的实践性推进：一方面，鉴于河北腹地对京津不可或缺的支撑作用，京津发展不可避免地会考虑到与河北的协同进程；另一方面，河北不仅要借力京津发展，而且要立足自身实际，站在与京津协同发展的高度，运用产业发展策略、城镇发展策略和体制机制改革策略等有效措施推进区域经济发展。虽然目前河北省和京津的综合实力差距还很大，但这是发展过程中的正常现象。在国家《京津冀发展规划纲要》的指导下，京津冀协同发展会不断得到实现，并朝着京津冀一体化的目标迈进。在这样的发展进程中，河北省将会成为我国北方最大的城市化区域的重要组成部分，并为这一大城市化区域的形成和发展做出重要的贡献。

随着"新常态"经济发展进程的深化和京津冀逐步成长为国际一流城市群的现实需要，京津冀的协同发展和可持续发展将会更加依赖于河北省经济社会综合实力的全面提升，这使得河北省与京津进行各种经济联系，发展其区域经济更加具有理论价值和现实意义，这一问题也将更为社会各界所广泛关注。

参考文献

[1] 埃德温·S. 米尔斯. 区域与城市经济学手册：2卷 [M]. 经济科学出版社，2001.

[2] 埃德温·S. 米尔斯. 区域与城市经济学手册：4卷 [M]. 经济科学出版社，2001.

[3] 薄文广，陈飞. 京津冀协同发展：挑战与困境 [J]. 南开学报（哲学社会科学版），2015 (1)：110-118.

[4] 常艳. 日本首都圈的规划建设对京津冀协同发展的启示 [J]. 经济研究参考，2014 (59)：32-35.

[5] 陈博. 市场潜力与地区工资差异：来自中国地级面板数据的实证分析 [J]. 中国软科学，2012 (7)：126-133.

[6] 陈迪. 基于PRER区域协同发展的城市成长 [J]. 现代城市研究，2006，20 (11)：56-61.

[7] 陈红霞，李国平，等. 京津冀区域空间格局及其优化整合分析 [J]. 城市发展研究，2011 (11)：74-79.

[8] 陈来卿，杨再高. 广佛都市圈与其外围区域产业梯度比较及优化研究 [J]. 城市发展研究，2008，15 (1)：20-26.

[9] 陈蕊，熊必琳. 基于改进产业梯度系数的中国区域产业转移战略构想 [J]. 中国科技论坛，2007 (8)：8-27.

[10] 陈先强. 武汉城市圈经济辐射效应研究 [J]. 湖北社会科学，2011 (12)：71-73.

[11] 陈晓倩，张全景，谷婷，张文平. 山东半岛城市群主要城市辐射能力研究 [J]. 地域研究与开发，2012，31 (6)：66-69.

[12] 陈晓永,张会平.基于梯度差异视角的京津冀产业同构及成因的新认识[J].改革与战略,2012,28(6):98-100.

[13] 陈莹,李心丹.区域金融中心辐射力研究——以南京为例的实证分析[J].南京社会科学,2013(3):141-154.

[14] 陈玉和,吴士健,田为厚.区域经济可持续发展的差异互补与协同[J].青岛科技大学学报,2006,23(2):1-4.

[15] 丛屹.协同发展、合作治理、困境摆脱与京津冀体制机制创新[J].改革,2014(6):75-81.

[16] 范晓莉,黄凌翔.京津冀城市群城市规模分布特征[J].干旱区资源与环境,2015,29(9):14-20.

[17] 方大春,孙明月.长江经济带中心城市影响力研究[J].经济地理,2015,35(1):77-81.

[18] 冯德显,贾晶,乔旭宁.区域性中心城市辐射力及其评价[J].地理科学,2006,26(3):267-272.

[19] 傅允生.东部沿海地区产业转移趋势[J].经济学家,2011(10):84-90.

[20] 高燕.基于信息化的区域经济非均衡协调发展[D].成都:四川大学,2006.

[21] 龚晓菊,王一楠,孙梦雪.京津冀协同发展背景下的张家口承接北京产业转移路径[J].经济研究参考,2014(62):73-80.

[22] 辜胜阻,郑超,方浪.京津冀城镇化与工业化协同发展的战略思考[J].经济与管理,2014,28(4):5-8.

[23] 郭湖斌.区域物流与区域经济协同发展研究[J].物流科技,2008,31(7):83-86.

[24] 何龙斌.省际边缘区接受中心城市经济辐射研究[J].经济纵横,2013(6):12-16.

[25] 何龙斌.我国三大经济圈的中心城市经济辐射力比较分析[J].经济纵横,2014(8):50-54.

[26] 贺灿飞,梁进社.中国区域经济差异的时空变化:市场化、全球化与城市化[J].管理世界,2004(8):8-17.

[27] 贺玉德,白士强,高静娟.河北省承接国际产业转移路径研究[J].河北经贸大学学报,2013,13(4):84-86.

[28] 贺玉德,马祖军.产业转移下区域物流与区域经济协同度分析——基于四川省的实证研究[J].管理现代化,2014,33(1):99-101.

[29] 贺玉德,马祖军.基于CRITIC-DEA的区域物流与区域经济协同发展模型及

评价——以四川省为例[J].软科学,2015,28(3):102-106.

[30] 胡丹,晏敬东.基于产业梯度系数的湖北承接产业梯度转移对策研究[J].武汉理工大学学报,2014,27(3):375-379.

[31] 贾若祥,刘毅,等.企业合作模式及其对区域经济发展的影响——以江苏省通州市企业为例[J].地理研究,2005(4):644-647.

[32] 姜博,修春亮."十五"时期环渤海城市群经济联系分析[J].地理科学,2009,29(3):348-352.

[33] 雷朝阳,陈永秀.我国城市经济辐射力研究综述[J].广西社会科学,2010(1):52-55.

[34] 冷志明.中国省区交界地域经济协同发展研究[J].开发研究,2005,20(4):74-77.

[35] 冷志明.中国省际毗邻地区经济合作与协同发展的理论基础及运行机制研究[J].科学-经济-社会,2007,25(2):25-29.

[36] 黎鹏.区域经济协同发展及其理论依据与实施途径[J].地理与地理信息科学,2005(7):51-55.

[37] 李国平,陈秀欣.京津冀都市圈人口增长特征及其解释[J].地理研究,2009,28(1):192-202.

[38] 李国璋,戚磊.市场潜力、经济集聚与地区间工资差异[J].财经科学,2011(5):71-78.

[39] 李慧,刘志迎,周彬.泛长三角区域产业差异及产业梯度系数比较分析[J].江淮论坛,2009(6):23-27.

[40] 李琳,刘莹.中国区域经济协同发展的驱动因素——基于哈肯模型的分阶段实证研究[J].地理研究,2014,33(9):1603-1616.

[41] 李新运,张海峰,余锦.山东省区域经济发展梯度分析及战略构想[J].地理研究,1995,14(1):51-58.

[42] 李新运,张海峰.主成分分析在山东省经济发展梯度分区中的应用[J].地域研究与开发,1995,14(1):26-29.

[43] 励惠红.长三角医药产业带形成对宁波医药行业发展的影响[J].宁波经济(三江论坛),2005(3):33-35.

[44] 刘本玲,马有才.高新技术产业集群与创新型城市协同发展研究[J].科技进步与对策,2010,26(15):71-73.

[45] 刘崇献.北京与上海经济辐射能力差异探析[J].北京社会科学,2005(4):40-44.

[46] 刘辉,申玉茗,孟丹. 基于交通可达性的京津冀城市网络集中性及空间结构研究 [J]. 经济地理, 2013, 33 (8): 38-45.

[47] 刘建朝,高素英. 基于城市联系强度与城市流的京津冀城市群空间联系研究 [J]. 地域研究与开发, 2013, 32 (2): 58-61.

[48] 刘荣增,崔功豪,冯德显,等. 新时期大都市周边地区城市定位研究——以苏州与上海关系为例 [J]. 地理科学, 2001, 21 (2): 158-163.

[49] 刘英基. 中国区域经济协同发展的机理、问题及对策分析 [J]. 理论月刊, 2007, 33 (3): 126-129.

[50] 刘治彦. 城市区域经济 [M]. 航空工业出版社, 2006.

[51] 刘治彦. 京津冀融合亟待破解三大障碍 [J]. 人民论坛, 2014 (4): 52-55.

[52] 卢启程. 都市农业与生态城市的协同发展——以昆明市发展都市农业为例 [J]. 云南财经大学学报(社科版), 2010, 7 (3): 83-86.

[53] 鲁金萍,刘玉,杨振武,孙久文. 京津冀区域制造业同构现象再判断 [J]. 华东经济管理, 2015, 29 (7): 59-63.

[54] 鲁金萍,杨振武,孙久文. 京津冀城市群经济联系侧度研究 [J]. 城市发展研究, 2015, 22 (1): 5-10.

[55] 罗贞礼. 边缘区域经济协同发展理论与实践体系研究 [J]. 贵州社会科学, 2011, 53 (1): 74-77.

[56] 马广林,刘俊昌. 中国区域经济协同发展中存在的问题及对策研究 [J]. 经济问题探索, 2005 (5): 25-29.

[57] 苗长虹,张建伟. 基于演化理论的我国城市合作机理研究 [J]. 人文地理, 2012, 32 (1): 54-59.

[58] 南平,姚永鹏,张方明. 甘肃省城市经济辐射区及其经济协作区研究 [J]. 人文地理, 2006 (2): 89-98.

[59] 牛华勇. 中心城市对周边经济圈经济辐射力比较分析 [J]. 广西大学学报(哲学社会科学版), 2009, 31 (2): 29-34.

[60] 欧向军,赵清. 基于区域分离系数的江苏省区域经济差异成因定量分析 [J]. 地理研究, 2007, 26 (4): 694-704.

[61] 彭荣胜. 区域经济协调发展的内涵、机制与评价研究 [D]. 河南大学, 2007.

[62] 綦良群,孙凯. 高新技术产业与传统产业协同发展机理研究 [J]. 科学学与科学技术管理, 2007, 27 (1): 118-122.

[63] 綦良群,王成东. 产业协同发展组织模式研究——基于分形理论和孤立子思想 [J]. 科技进步与对策, 2012, 28 (16): 40-44.

参考文献

[64] 钱亦杨,谢守详.长三角大都市圈协同发展的战略思考[J].商业研究,2004,18(4):4-7.

[65] 乔旭宁,杨德刚,毛汉英,张小雷,吴得文,张豫芳.基于经济联系强度的乌鲁木齐都市圈空间结构研究[J].地理科学进展,2007,26(6):87-95.

[66] 邱少明.五重维度下江苏区域经济协同发展的内驱机制[J].决策咨询,2011,21(1):27-31.

[67] 齐昕.金融经济力推进区域经济发展研究:以东北老工业基地振兴为例[M].东北大学出版社,2015.

[68] 饶会林.现代城市经济学概述[M].上海交通大学出版社,2008.

[69] 伞锋.推进京津冀三地协同发展[J].宏观经济管理,2014(5):38-40.

[70] 沈玉芳,刘曙华.长江三角洲地区城镇空间组织模式的结构与特征[J].人文地理,2008,22(6):45-49.

[71] 胜彬,王华伟.京津冀城市群空间结构分析[J].经济问题探索,2015(6):105-111.

[72] 师谦友,罗晶,赵檐瑾.基于AHP分析的西安城市辐射力研究[J].干旱区资源与环境,2012,26(2):80-83.

[73] 石敏俊,赵曌,金凤君.中国地级行政区域市场潜力评价[J].地理学报,2007,62(10):1063-1072.

[74] 宋炳良.长江三角洲经济辐射力与东西部大通道[J].同济大学学报,2003,14(1):97-100.

[75] 孙冬虎.京津冀一体化的历史考察[J].北京社会科学,2014(12):48-53.

[76] 孙久文,邓慧慧,叶振宇.京津冀都市圈区域合作与北京的功能定位[J].北京社会科学,2008(6):19-24.

[77] 孙久文,丁鸿君.京津冀区域经济一体化进程研究[J].经济与管理研究,2012(7):52-58.

[78] 孙久文,姚鹏.京津冀产业空间转移、地区专业化与协同发展[J].南开学报,2015(1):81-89.

[79] 孙久文,原倩.京津冀协同发展战略的比较和演进重点[J].经济社会体制比较,2014(5):2-11.

[80] 孙久文.京津冀合作难点与陷阱[J].人民论坛,2014(5):34-37.

[81] 唐吉平,陈浩,姚星垣.长三角城市金融辐射力研究[J].浙江大学学报(人文社会科学版),2005,35(6):63-70.

[82] 汪桥红.区域金融中心的极化与扩散效应:京津冀和长三角的比较分析[J].

统计与决策，2013（21）：131 - 134.

[83] 汪阳红，肖金成. 未来京津冀优势非同寻常[N]. 中国经济导报，2005 - 02 - 05.

[84] 王建廷，黄莉. 京津冀协同发展的动力与动力机制[J]. 城市发展研究，2015 (5)：18 - 23.

[85] 王雅莉. 城市经济学[M]. 首都经贸大学出版社，2008.

[86] 王雅莉. 京津冀大城市化区域的协同性与发展对策[J]. 城市，2013（10）：1 - 5.

[87] 魏后凯. 现代区域经济学[M]. 经济管理出版社，2011.

[88] 魏进平，刘鑫洋，等. 建立和完善京津冀协同发展主体协调机制[J]. 河北工业大学学报（社会科学版），2014（2）：198 - 205.

[89] 吴长剑. 公共管理研究的新视角：区域公共管理的若干思考[J]. 管理观察，2008（10）：46 - 47.

[90] 肖磊，黄金川，孙贵艳. 京津冀都市圈城镇体系演化时空特征[J]. 地理科学进展，2011，30（2）：215 - 223.

[91] 肖立军. 明清京津冀协同发展探略[J]. 人民论坛，2015（3）：78 - 80.

[92] 谢志忠，赵莹，刘海明，黄初升. 福建省区域经济协同发展的现状与趋势分析[J]. 福建论坛·人文社会科学版，2010（11）：145 - 150.

[93] 熊必琳，陈蕊，杨善林. 基于改进梯度系数的区域产业转移特征分析[J]. 经济理论与经济管理，2007（7）：45 - 49.

[94] 熊正贤. 城市综合实力定位与辐射范围的测算[J]. 统计与信息论坛，2009，24（1）：76 - 80.

[95] 徐春华，刘力. 省域市场潜力、产业结构升级与城乡收入差距[J]. 农业技术经济，2015（5）：34 - 46.

[96] 徐继成. 我国城市辐射能力分析[J]. 社会科学辑刊，1996（2）：38 - 40.

[97] 徐孝勇. 西南地区商贸中心构建与发展对策研究[D]. 西南大学，2005.

[98] 薛毅. 20世纪中国煤矿城市发展述论[J]. 河南理工大学学报（社会科学版），2013（4）：173 - 188.

[99] 姚峰，范红辉. 河北省对接京津冀协同发展的五大着力点[J]. 经济纵横，2015（1）：106 - 109.

[100] 尹罡，甄峰. 京津冀协同发展视角下欠发达地区县域经济发展模式研究[J]. 河北师范大学学报，2015，38（1）：150 - 155.

[101] 臧秀清. 京津冀协同发展中的利益分配问题研究[J]. 河北学刊，2015（1）：192 - 196.

[102] 张萌萌, 孟晓晨. 高速铁路对中国城市市场潜力的影响——基于铁路客运可达性的分析 [J]. 地理科学进展, 2014, 33 (12): 651–658.

[103] 张明斗. 新型城镇化与城市可持续发展 [M]. 中国财政经济出版社, 2016.

[104] 张颖, 邱映贵, 陈波. 高新区品牌塑造 SWOT 分析与对策——以武汉东湖高新区为例 [J]. 现代商业, 2012 (1): 191–192.

[105] 张哲. 区域分工、专业化与产业结构调整机理探讨 [J]. 财经论丛, 2007 (7): 70–73.

[106] 赵娴, 林楠. 中国国家中心城市经济辐射力分析与评价 [J]. 经济与管理研究, 2013 (12): 106–113.

[107] 赵雪雁, 江进德, 等. 皖江城市带城市经济联系与中心城市辐射范围分析 [J]. 经济地理, 2011, 31 (2): 219–223.

[108] 赵永亮, 才国伟. 市场潜力、边界效应与贸易扩张 [J]. 中国工业经济, 2011 (9): 5–15.

[109] 赵永亮, 才国伟. 市场潜力的边界效应与内外部市场一体化 [J]. 经济研究, 2009 (7): 119–130.

[110] 赵璺, 石敏俊. 东北地区市场潜力分析与区域经济发展 [J]. 地理研究, 2009, 28 (1): 204–214.

[111] 赵璺, 石敏俊. 西部地区市场潜力分析 [J]. 干旱区地理, 2006, 29 (5): 767–771.

[112] 朱英明, 张雷. 城市群竞争力的区域分异研究——基于长三角二级城市群的视角 [J]. 技术经济, 2008, 27 (5): 8–14.

[113] Abdel-rahman H M. Product Differentiation [J]. Monopolistic Competition and City Cize, 1988 (01)

[114] Anselin L, Raymond J, Florax G M, Rey Sergio J. Advances in Spatial Econometrics: Methodology, Tools and Applications [M]. Berlin: Springer–Verlag, 2004.

[115] Anselin L. Spatial Econometrics: Methods and Models [M]. Dordrecht: Kluwer Academic Publishers, 1988.

[116] Baldwin R Martin P, Ottaviano G. Global Income Divergence, Trade and Industrialization: The Geography of Growth Take-off [J]. Journal of Economic Growth, 2001, 6 (1): 5–37.

[117] Barro R J. Government Spending in a Simple Model of Endogenous Growth [J]. Journal of Political Economy, 1990 (5): 103–125.

[118] Benhabib J, Mark S M. the Role of Human Capital in Economic Develop-

ment: Evidence from Aggregate Cross-country Data [J]. Journal of Monetary Economics, 1994 (2): 143 –173.

[119] Bronzini R, Piselli P. Determinants of Long-run Regional Productivity with Geographical Spillovers: The Role of R&D Human Capital and Public Infrastructure [J]. Regional Science and Urban Economics, 2009 (2): 187 –199.

[120] Cicone A, Hall R E. Productivity and the density of Economic Activity. 1996 (86)

[121] Cutanda A, Parici J. Infrastructure and Regional Economic Growth: The Spanish Case [J]. Regional Studies, 1994 (1): 69 –77.

[122] Dakshina G, Silvay D, Mccomb R P. Geographic Concentration and High Tech Firm Survival [J]. Regional Science and Urban Economics, 2012 (3): 1 –32.

[123] Decression J. Regional Labor Market Dynamics in Europe [J]. European Economic Review, 1995 (12): 1627 –1655.

[124] Desmet K, Rossi – Hansberg E. Spatial Growth and Industry Age [J]. Journal of Economic Theory, 2009 (11): 2477 –2502.

[125] Edwins S. an Aggregative Model of Resource Allocation in a Metropolitan Area [J]. American Economic Review, 1967 (5): 197 –210.

[126] Elena G I, Nancy E B. Land Use Externalities, Open Space Preservation, and Urban Sprawl [J]. Regional Science and Urban Economics, 2004 (6): 705 – 725.

[127] Fingleton B. Estimates of Time to Economic Convergence: An Analysis of Regions of the European Union [J]. International Regional Science Review, 1999 (1): 5 –34.

[128] Foster J. From Simplistic to Complex Systems in Economics [J]. Cambridge Journal of Economics Volume, 2005, 6 (1): 873 –892.

[129] Giok – Ling Ooi. The Indonesia – Malaysia – Singapore Growth Triangle: Sub-regional Economic Cooperation and Integration [J]. Geo Journal, 1995, 36 (4): 337 –344.

[130] Hirschman A O. the Strategy of Economic Development [M]. New Haven, CT: Yale University Press, 1958.

[131] Lall S, Shalizi Z. Agglomeration Economics and Productivity in India Industry [J]. Journal of Development Economics, 2004 (4): 643 –673.

[132] Loizou S, Mattas K, Tzouvelekas V, et al. Regional Economic Develop-

ment and Environmental Repercussions: An Environmental Input-output Approach [J]. International Advances in Economic Research, 2000, 6 (3): 373 -386.

[133] Lucas R E, Jr. On the mechanics of development planning [J]. Journal of Monetary Economics, 1988, 22 (1): 3 -42.

[134] Lucas R E. On the Mechanics of Economic Development [J]. Journal of Monetary Economics, 1988 (2): 3 -42.

[135] Mark Beeson. Asymmetrical Regionalism: China, Southeast Asia and Uneven Development [J]. East Asia: An International Quarterly, 2010, 24 (4): 329 -343.

[136] Michael S, et al. Synergetic Interactions within the Pair-wise Hierarchy of Economic Linkages Sub – Systems [J]. Hitotsubashi Journal of Economics, 1997, 38 (2): 183 -199.

[137] Noboru Sakashita. An Economic Theory of Urban Growth Control [J]. Regional Science and Urban Economics, 1995, 25 (4): 427 -434.

[138] Ohlan R. Pattern of Regional Disparities in Socio-economic Development in India: District Level Analysis [J]. Social Indicators Research, 2013, 114 (3): 841 -873.

[139] Quintana D C. Agglomeration, Inequality and Economic Growth: Cross-section and Panel Data Analysis [J]. Working Paper, 2011.

[140] Romer P. Increasing Returns and Long-run Growth [J]. Journal of Political Economy, 1986 (4): 1002 -1037.

[141] Romer P M. Economics Technological Change [J]. Journal of Political Economy, 1990, 98 (5): 71 -102.

[142] Romer P M. Increasing Returns and Long Run Growth [J]. Journal of Political Economy, 1986, 94 (5): 1002 -1037.

[143] Romer P. The Origins of Endogenous Growth (Winter), 1994 (4).

[144] Sehramm G. Regional Cooperation and Economic Development [J]. The Annals of Regional Science, 1986, 20 (2): 1 -16.

[145] Sharma S. Persistence and Stability in City Growth [J]. Journal of Urban Economics, 2003, 53 (2): 300 -320.

[146] Spilimbergo A. Income Distribution, Factor Endowments and Trade Openness [J]. Journal of Development Economics, 1999 (6): 77 -101.

[147] Young, A. A. Increasing Returns and Economic Progress [J]. Economic Journal, 1928 (12): 527 -542.

后　　记

　　京津冀区域是我国经济增长的第三大经济增长极，其区域经济发展一直备受关注。2014年京津冀协同发展上升为国家战略，并且成为未来这一区域的重点发展方向。关于京津冀协同发展中河北省的发展问题，是长期以来一直盘旋在我心头的一个心结。有两件事情对我触动很大，第一件事情，感觉我所在的石家庄城市发展行政意味太浓，市场经济活力不足。1999年我刚大学毕业，分配到石家庄经济学院任教，初来乍到一个全新的城市，就走走看看，发现石家庄虽然是河北省的省会，但是这个城市的发展并不是很活跃，行政性意味太过浓厚，而市场经济的发展活力明显不足；第二件事情，强烈感觉河北省的城市和北京相比差距太大。2001年我爱人辞职去北京工作，我每周末都去车站送他，结果发现列车车厢里几乎全都是去北京工作的石家庄年轻人，他们和我爱人一样，在北京工作，在石家庄生活，很多人和我一样过着夫妻两地的生活，我爱人告诉我每周末回家几乎整个车厢都是从北京回家的人。后来，节假日我去北京和他团聚，近距离接触了北京，让我真实地感受到我所在城市和北京的方方面面简直是天壤之别。再后来，我走了河北省的其他城市，像衡水、沧州、保定、邢台、邯郸等城市，各方面和北京差距也都极大。基于此，我就在思考一个问题，处于同一地域背景，为什么就有这么大的差距？差距到底在哪里？原因是什么？河北省怎么做才能促进自身发展？基于这些思考，基于本人的兴趣，经过与我的导师王雅莉教授的多次交流和探讨，我选取了京津冀大区域的视角，将研究河北省区域经济发展问题作为我博士学位论文的主题。本书便是在我博士论文基础上完善而成的。

　　从确定题目的基本思路到拟定提纲，从开题报告到写作的初稿，从修改

后　记

到最终的定稿，王雅莉教授以她深厚的区域经济学和城市经济学底蕴给了我极大的、不厌其烦的教导。后来，在京津冀协同发展被确定为国家战略，我的论文的基调也相应的发生变化，王雅莉教授时刻结合最新的京津冀发展的前沿战略不断的为我的论文注入新的思想和理论指导，让我在写作过程中总是能有焕然一新的感觉。王雅莉教授对每一位学生的热情与宽容，让我真正理解宽厚待人的深邃，而且，在我写作的过程中，遇到了很多的困难和瓶颈，王雅莉教授总是以高度满腔的热情感染我，以满满的正能量鼓励我，激励我在写作的道路上克服种种困难，顺利完成论文。我文笔拙劣，纵有千言万语，却无法形容我对恩师的敬重与感激之情。

在我论文的写作过程中，冯云廷教授对我的论文提出了很多宝贵的意见，冯老师在上课的过程中将他研究区域经济学的方法悉数传授给我们，并不断强调做论文要做好理论框架，高屋建瓴。冯老师严谨的治学态度及深厚的区域经济学功底，让我由衷的佩服。张军涛教授一直是我们公认的学术帅哥，他学识渊博、为人热情，不仅给了我大量的学术信息，还不断鼓励我努力前进，让我受益匪浅。感谢苗丽静教授、于左教授、张抗私教授在交流中对我的论文给出的很多新观点和新思想，且对论文提出了宝贵的修改意见。感谢河北省宏观经济研究所的首席专家宋树恩教授、地理研究所的高士平副研究员，他们不断的将河北省的最新战略和政策讲解给我，对本研究的顺利完成起着重要作用。感谢这些教授和专家给予我的无私帮助和指导。我在东财真正加起来的日子有三年，遇到的师长都给我留下了非常深刻的印象，老师们渊博的知识、扎实的作风深深的影响了我，对所有的师长一并感谢。在今后的工作中，我一定会以东财人的拼搏进取精神时刻激励自己，也会以作为东财的学生而骄傲。

感谢我的同门学友齐昕博士，她在学术上的敏感总是能让我在痛苦的时候眼前一亮；感谢刘洋博士，她轻声细语的鼓励总是能让我倍感温暖；感谢我的师弟张明斗博士，他的学术灵动性的建议总能让我对论文更加完善；感谢我的同学伟东、茂坤、雪雁、江滨、立甫、汤薇、晓皎、玉娜、文成，难忘我们一起上课的美好时光；感谢晓翌、海君、立文、文祥、王巍等同学；感谢高詹博士，我们一起写论文，相互鼓励，相互交流，让我在艰难的时候不再孤单；感谢我的同事赖志花，以及郭小斌副总经理，是他们耐心的给我讲解软件的使用和操作，让我对实证的软件操作有了更好的运用；感谢我的同事刘玲玲不厌其烦的帮我查重；感谢单位的领导和同事在我读博期间对我的支持与帮助。

感谢我的家人，为了我的学业顺利完成，给予我极大的精神鼓励，我的博士论文的顺利完成与他们的关爱和鼓励是分不开的。感谢我的爱人，在我论文的写作过程中不断的督促我、鼓励我；在我论文的写作过程中，为了有安心的环境，我离开我可爱的孩子到外地，他每一次都用稚嫩的声音告诉我，他很好，让我放心，让我专注写论文，等毕业了好好陪他；感谢我的公婆，在我离家的每一个日子里，对我孩子无微不至的照顾，让我少了后顾之忧；感谢我的父母和哥姐，不断地在生活上督促我照顾好自己，让我能够安心学习，顺利完成学业。

在写作过程中，参考并引用了大量的国内外文献，因篇幅所限，不能一一列出作者姓名，在此向所有文献作者以诚挚的谢意。

人生几近过半，我也已经不再青春年少，在这样的年华里，还能坐在教室里和我生龙活虎的同学们一起学习、探讨和交流学术与人生，也给我带来了很多的青春气息。博士写作的道路上充满了艰苦荆棘，我痛苦过、彷徨过、无奈过，身体出现过很多的瓶颈，毕竟自己不再年轻，也平添了很多白发、耗掉了些许青丝，但是，我依然克服了所有的困难，顺利完成了论文。走到今天，我觉得付出的太多太多，也收获了太多太多，这些经历都将成为我人生最宝贵的财富。

"路漫漫其修远兮，吾将上下而求索"，人们都说学术的道路上充满了艰辛，但是，没有去做这件事情，永远不会有真正的体会，通过博士论文的写作，我才真正有了深刻的体会。每个人的人生总是面临着很多种选择，而我选择了这条学术的道路，就将不断探索，努力进取，哪怕是做出一点小小的成绩，也是对自己人生学术道路的最好交代，我无怨无悔！

连季婷

2015 年 10 月 12 日于东财